中國學術思想 研究輯刊

七　編

林　慶　彰　主編

第 15 冊

《左傳》「君子曰」研究

盧　心　懋　著

花木蘭文化出版社

國家圖書館出版品預行編目資料

《左傳》「君子曰」研究／盧心懋 著 — 初版 — 台北縣永和市：
花木蘭文化出版社，2010〔民99〕
目 2+154 面；19×26 公分
（中國學術思想研究輯刊 七編；第 15 冊）
ISBN：978-986-254-174-6（精裝）
1. 左傳　2. 研究考訂

621.737　　　　　　　　　　　　　　　　　　99002275

ISBN - 978-986-254-174-6

9 789862 541746

中國學術思想研究輯刊
七　編　第十五冊　　　　　　ISBN：978-986-254-174-6

《左傳》「君子曰」研究

作　　　者　盧心懋
主　　　編　林慶彰
總 編 輯　杜潔祥
出　　　版　花木蘭文化出版社
發 行 所　花木蘭文化出版社
發 行 人　高小娟
聯絡地址　台北縣永和市中正路五九五號七樓之三
　　　　　　電話：02-2923-1455 ／傳眞：02-2923-1452
網　　　址　http://www.huamulan.tw 信箱 sut81518@ms59.hinet.net
印　　　刷　普羅文化出版廣告事業
封面設計　劉開工作室
初　　　版　2010 年 3 月
定　　　價　七編 24 冊（精裝）新台幣 40,000 元

《左傳》「君子曰」研究

盧心懋　著

作者簡介

盧心懋，祖籍江蘇泰縣，民國五十一年生於台北市。國立政治大學中文研究所碩士班畢業。目前任教於銘傳大學應用中文系，教授左傳、國語語音學、歷代文選、中國文學鑑賞與創作、華語高級會話等科目。

提　　要

　　本文以「《左傳》『君子曰』研究」為題，乃以《左傳》之「君子曰」為研究之對象，此因「君子曰」是《左傳》主要的評論形式，且為後世史論之祖，至其內容亦能代表《左傳》作者之意見，是以無論其形式、內容，皆頗富研究價值。

　　本研究之次序，則以辨「君子曰」之真偽始，進而整理其相關之諸項問題，諸如評論形式、內容分類等，再次，則深入探討「君子曰」之意義及評論態度、思想淵源，並對前賢之批評駁難有所說明。其後，則就徵引經籍、評析文理二方面論君子之學養。最後則就「君子曰」在《左傳》中之分位、作用，及其對後世之影響綜合說明，以為本研究之結論。斯則大概之程序也。

　　至於本研究所得之結論，有以下四點，（一）由「君子曰」知《左傳》乃「事義兼傳」，非僅傳事而不傳義也，（二）由《左傳》「君子曰」之評論立場，或可推定其成書時期不在戰國後期也，（三）由「君子曰」所論與孔子相合，可知《左傳》亦為解經之作也，（四）由「君子曰」之體例，可知《左傳》於孔子「寓經於史」之義亦有所發揚。

目次

第一章　緒　論 ……………………………………………… 1
　　第一節　研究動機暨方法 …………………………………… 1
　　第二節　辨「君子曰」之眞僞 …………………………… 3
第二章　「君子曰」之形式 …………………………………… 11
　　第一節　直接引述 ………………………………………… 11
　　第二節　間接稱引 ………………………………………… 13
第三章　「君子曰」之內容 …………………………………… 15
　　第一節　解　經 …………………………………………… 15
　　第二節　預　言 …………………………………………… 16
　　第三節　爲君之道 ………………………………………… 19
　　第四節　爲臣之道 ………………………………………… 21
　　第五節　爲政之道 ………………………………………… 26
　　第六節　交鄰國之道 ……………………………………… 30
　　第七節　論　禮 …………………………………………… 32
　　第八節　論　義 …………………………………………… 35
　　第九節　論　信 …………………………………………… 36
　　第十節　論孝與仁 ………………………………………… 37
　　第十一節　論自處之道 …………………………………… 38
　　第十二節　結　語 ………………………………………… 40
第四章　「君子曰」之立場與精神 ………………………… 43
　　第一節　「君子曰」之經學立場 ………………………… 44
　　第二節　「君子曰」之意義 ……………………………… 46
　　第三節　與「仲尼曰」比較 ……………………………… 47
　　第四節　與《公羊》、《穀梁》比較 …………………… 59
　　第五節　評「君子曰」之平議 …………………………… 63
第五章　君子之學養 ………………………………………… 77
　　第一節　徵引經籍 ………………………………………… 77
　　第二節　詮解謹詳 ………………………………………… 85
第六章　結　論 ……………………………………………… 87
附錄：《左傳》「君子曰」、「仲尼曰」簡表 …………… 93
參考書目 ……………………………………………………… 97
附錄一：《左傳》「趙盾弒其君」解 ……………………… 101
附錄二：論《左傳》所見之叔孫豹 ………………………… 113
附錄三：從《左傳》看古文翻譯的一些問題——
　　　　以〈鄭伯克段于鄢〉爲例 ………………………… 133
附錄四：《左傳》〈繻葛之戰〉「王亦能軍」句之
　　　　商榷 ………………………………………………… 145

第一章　緒　論

第一節　研究動機暨方法

　　《左傳》，依《史記‧十二諸侯年表》稱《左氏春秋》，《漢書》名《春秋左氏傳》，名稱雖異，實爲一書，其內容記載至爲豐贍，千百年來，學者文人，或取其能傳《春秋》故實，或愛其文章謹嚴雅潔，是以名列三傳之一，而爲文章之正宗。然以經學言，則前人多謂左氏以史實勝，《公》、《穀》以經義勝，如唐人啖助云：

　　　　左氏博采諸家，敍事尤備，能令百代之下，頗見本末，因以求意，
　　　　經文可知。二傳傳經，密於左氏，《穀梁》意深，《公羊》辭辯，隨
　　　　文解釋，往往鉤深。〔註1〕

宋‧朱熹則云：

　　　　左氏是史學，公穀是經學，史學者記得事卻詳，於道理上便差；經
　　　　學者於義理上有功，然記事多誤。〔註2〕

元‧吳澄則云：

　　　　載事，則左氏詳於公穀；釋經，則公穀精於左氏。〔註3〕

諸家似皆以左氏於經義有所未安爲憾。近代疑古風氣大興，至謂左氏乃漢朝劉歆割裂《國語》，及參以己意僞作而成，其說雖經後人辨駁而知其誤，且此等言論，自無損於左氏之價值。然吾人以爲其說亦非無因而起，蓋以三傳並

〔註1〕見唐‧陸淳，《春秋集傳纂例》，卷一〈三傳得失議〉第二。
〔註2〕見《朱子語類》，卷八十三。
〔註3〕見吳澄，《春秋纂言》。

觀，則可發現《公》、《穀》解經字斟句酌，連縣貫串，鉅細靡遺，使學者有一目瞭然之效。左氏則事與義融而爲一，以史事蘊涵經義，學者苟非曉暢前因後果，鮮能得其眞詮。是以左氏非不傳經義，特左氏之解經乃兼重史實及經義也。關於左氏傳經之方式，徐復觀先生言之甚詳：

> 過去對於《左氏傳》價值的爭論，多集中在他是否係傳孔子所作的《春秋》這一點上。此在今日，沒有爭論的餘地。左氏之傳《春秋》，可分爲四種形式。第一種是以補《春秋》者傳《春秋》。……。第二種是以書法的解釋傳《春秋》。……。第三種，是以簡捷的判斷傳《春秋》。……。第四，是以「君子曰」的形式，發表自己的意見。這也是傳《春秋》的一種方式。此在左氏傳中，佔重要的地位。（原註：《公羊傳》的「君子」，是指孔子。《左氏傳》的「君子曰」的「君子」，是左氏自稱）。有時也特引孔子的話。上面四種「傳《春秋》」的形式，除第一種爲《公》、《穀》所無外，餘皆爲三傳所通有。……。左氏所用的四種傳經的形式，與《公》、《穀》所用的形式，皆可概稱之爲「以義傳經」。而左氏在四種以義傳經之外，更重要的則是「以史傳經」。〔註4〕

據此，左氏解經實較《公》、《穀》更爲深入，除與《公》、《穀》一樣對《春秋》之微言有所解釋外，復能引具體之事實以資佐證，宜乎班固《漢志》言其「故論本事而作傳，明夫子不以空言說經也。」

左氏之傳《春秋》乃史實、經義並重，前言已述之矣。然學者多偏史實而略經義，是以發揚左氏經義，以期上契夫子之《春秋》大義，尤爲今日學者所應致力者。就前引徐復觀先生所言左氏以義傳經之四種方式而言，由「君子曰」入手，似較直捷可行，蓋「君子曰」在《左傳》中形式較爲一致，分布尚稱平均〔註5〕，當能代表左氏之意見，以下即就《左傳》之「君子曰」作一整體之研究，使左氏之經義藉此而有所啓發。

本研究之次序，則以辨「君子曰」之眞僞始，蓋必本正源清，而後可以循根順流，以窺全體，不致有所缺漏。故先論「君子曰」之眞僞。眞僞既明，則進而整理其相關之諸項問題，諸如評論形式、內容分類等，期能對「君子曰」之評論有一全面觀點。其次，則深入探討「君子曰」之意義及評論態度、

〔註4〕見徐復觀，《兩漢思想史》，卷三〈原史——由宗教通向人文的史學的成立〉。
〔註5〕其有關之統計資料詳後。

思想淵源，並對前賢之批評駁難有所說明，期使有關君子評人論事之種種牽纏糾葛，得以渙然冰釋，而還其本眞。其後，則就徵引經籍、評析文理二方面論君子之學養。最後則就「君子曰」在《左傳》中之分位、作用，及其對後世之影響綜合說明，以爲本研究之結論。斯則大概之程序也。

第二節　辨「君子曰」之眞僞

　　有關「君子曰」之眞僞問題，前賢論述甚多，而意見頗不一致。或謂「君子曰」係劉歆僞作，如《朱子語類》，卷八十三云：

　　　　林黃中謂《左傳》「君子曰」是劉歆之辭。

清人劉逢祿亦主此說，其言曰：

　　　　凡引君子之云，多出後人坿益，朱子亦嘗辨之。〔註6〕

而唐・孔穎達則以爲「君子曰」爲作者自道，其中亦有孔子及當時賢人之語，其言曰：

　　　　諸傳言君子者，或當時賢者，或指斥仲尼，或語出丘明之意而託諸賢者，期於明理而已，不復曲爲義例。〔註7〕

或謂「君子曰」係左丘明自作，然不含孔子之意，如清人韓菼云：

　　　　按傳文所稱君子曰，蓋左氏設君子之言，以爲論斷，然其言多淺陋，不能折之以正大之理，今姑存之以備一家之言，後凡君子曰、君子謂皆放此。〔註8〕

然日人竹添光鴻則以爲「君子曰」係當時君子之言論，而非左氏自爲之辭，其言曰：

　　　　《左傳》稱君子曰，多是採取當時所謂君子者之言也。或以爲左氏論斷之語，失之。〔註9〕

以上數種意見彼此不一，見仁見智，究竟眞相如何，張以仁先生之說法似較爲近實。其言曰：

　　　　儘管《左傳》「君子曰」中的「君子」，有的指「孔子」，有的指「時君子」，有的是作者自稱。但它們都是出自同一手筆，這一點似乎是

〔註6〕見劉逢祿，《左氏春秋考證》，「鄭伯克段于鄢」條。
〔註7〕見孔穎達，《左傳正義》，桓公二年傳疏。
〔註8〕見韓菼，《評點左傳句解》，卷一「鄭伯克段于鄢」註釋。
〔註9〕見竹添光鴻，《左傳會箋》，隱公元年會箋。

> 不容置疑的。因爲，從它們有著相當統一的整齊的格式來看，譬如：
> 它們最好引詩，在七十餘條的「君子曰」裏，竟引有詩句四十四條
> 之多，並且沒有一條是重出的。又譬如：它們喜歡用「君子謂……
> 於是乎……」的文法。都可以證明它們決不是一批雜湊的未經過消
> 化的材料。〔註10〕

吾人由前引諸家之言可知，《左傳》之「君子曰」實爲其書中重要體例之一，惟其體製齊整，致懷疑者疑其爲後人僞作，肯定者則稱其能釋明經義。是非之關鍵，則在於是否能證明「君子曰」之文句係左傳所本有，若能證明，則後人懷疑之論自無法成立，而「君子曰」之真僞亦可得一定論矣。至於或有以「君子曰」所論義理淺陋而懷疑者，則楊向奎先生所言當可釋彼之疑，其言曰：

> 《左傳》中有所謂「君子曰」，蓋史家於某事某人所下之論斷也。其
> 性質有似後世諸史中之論贊，此項論斷在當時自能代表某一部分人對
> 於某事某人之見解，事過境遷，前人所以爲公平論斷者，在後人或視
> 爲荒謬不通。此《左傳》「君子曰」爲後人附益說之起因也。〔註11〕

故以下即就西漢劉歆以前之諸書中，考察其徵引《左傳》「君子曰」之情形作一敘述，以明「君子曰」者實爲《左傳》所本有，非劉歆僞作。〔註12〕

一、《左傳》隱公三年

> 宋穆公疾，召大司馬孔父而屬殤公焉，曰：「先君舍與夷而立寡人，
> 寡人弗敢忘。若以大夫之靈，得保首領以沒，先君若問與夷，其將
> 何辭以對？請子奉之，以主社稷，寡人雖死，亦無悔焉。」對曰：「群
> 臣願奉馮也。」公曰：「不可，先君以寡人爲賢，使主社稷，若弃德
> 不讓，是廢先君之舉也，豈曰能賢，光昭先君之令德，可不務乎？
> 吾子其無廢先君之功。」使公子馮出居於鄭。八月，庚辰，宋穆公
> 卒，殤公即位。君子曰：「宋宣公可謂知人矣，立穆公，其子饗之，
> 命以義夫。〈商頌〉曰：『殷受命咸宜，百祿是荷』，其是之謂乎？」

同一事件亦見於《史記・宋微子世家》：

〔註10〕見張以仁，《孔孟月刊》第三卷第二期，〈關於左傳「君子曰」的一些問題〉。
〔註11〕見楊向奎，《文瀾學報》二卷一號，〈論左傳「君子曰」〉。
〔註12〕案此一部分，方炫琛先生所撰之〈春秋左傳劉歆僞作竄亂辨疑〉一文中已有論及，今則將其資料依時間先後重新排比敘述，以見其梗概。

宣公有大子與夷，十九年，宣公病，讓其弟和，曰：「父死子繼，兄死弟及，天下通義也，我其立和。」和亦三讓而受之。宣公卒，弟和立，是爲穆公。穆公九年，病，召大司馬孔父，謂曰：「先君宣公舍大子與夷而立我，我不敢忘，我死，必立與夷也。」孔父曰：「群臣皆願立公子馮。」穆公曰：「毋立馮，吾不可以負宣公。」於是穆公使馮出居于鄭。八月，庚辰，穆公卒，兄宣公子與夷立，是爲殤公。君子聞之曰：「宋宣公可謂知人矣，立其弟以成義，然卒，其子復享之。」

二、《左傳》桓公十七年

初，鄭伯將以高渠彌爲卿，昭公惡之，固諫不聽。昭公立，懼其殺己也，辛卯，弒昭公而立公子亹。君子謂昭公知所惡矣。公子達曰：「高伯其爲戮乎？復惡已甚矣。」

此事亦見《韓非子·難四》：

鄭伯將以高渠彌爲卿，昭公惡之，固諫不聽。及昭公即位，懼其殺己也，辛卯，弒昭公而立子亹也。君子曰：「昭公知所惡矣。」公子圍曰：「高伯其爲戮乎？報惡已甚矣。」

或曰：「公子圍之言也，不亦反乎？」昭公之及於難者，報惡晚也，然則高伯之晚於死者，報惡甚也。明君不懸怒，懸怒則臣罪輕舉以行計，則人主危。……。人君非獨不足於見難而已，或不足於斷制，今昭公見惡，稽罪而不誅，使渠彌含憎懼死以徼幸，故不免於殺，是昭公之報惡不甚也。

案：劉文淇《春秋左氏傳舊注疏證》以《韓非子》此段所引當係「古左氏說」，後來劉師培先生撰《左氏不傳春秋辨》，楊向奎先生撰《論左傳之性質及其與國語之關係》均引此爲證，以明《左傳》之「君子曰」非劉歆所僞作。

三、《左傳》僖公九年

冬，十月，里克殺奚齊于次。書曰：「殺其君之子，未葬也。」荀息將死之，人曰：「不如立卓子而輔之。」荀息立公子卓以葬。十一月，里克殺公子卓于朝，荀息死之。君子曰：「《詩》所謂『白圭之玷，尚可磨也。斯言之玷，不可爲也。』荀息有焉。」

此事亦見於《史記·晉世家》：

十一月，里克弒悼子于朝，荀息死之。君子曰：「《詩》所爲『白珪之玷，猶可磨也。斯言之玷，不可爲也。』其荀息之謂乎，不負其言。」

四、《左傳》文公三年

秦伯伐晉，濟河焚舟，取王官及郊，晉人不出，遂自茅津濟，封殽尸而還，遂霸西戎，用孟明也。君子是以知秦穆之爲君也，舉人之周也，與人之壹也。孟明之臣也，其不解也，能懼思也。子桑之忠也，其知人也，能舉善也。《詩》曰：「于以采蘩，于沼于沚，于以用之，公侯之事」，秦穆有焉。「夙夜匪解，以事一人」，孟明有焉。「詒厥孫謀，以燕翼子」，子桑有焉。

此事亦見於《史記・秦本紀》：

三十六年，繆公復益厚孟明等，使將兵伐晉，渡河，焚船，大敗晉人，取王官及鄗，以報殽之役。晉人皆城守不敢出，於是繆公乃自茅津渡河，封殽中尸，爲發喪哭之，三日，乃誓於軍曰：「嗟，士卒，聽無譁，余誓告汝，古之人謀，黃髮番番，則無所過。以申思不用蹇叔百里傒之謀，故作此誓，令後世以記余過。」君子聞之，皆爲垂涕曰：「嗟乎，秦繆公之與人周也，卒得孟明之慶。」

五、《左傳》文公六年

秦伯任好卒，以子車氏之三子奄息、仲行、鍼虎爲殉，皆秦之良也。國人哀之，爲之賦〈黃鳥〉。君子曰：「秦穆之不爲盟主也宜哉，死而弃民。先王違世，猶詒之法，而況奪之善人乎？《詩》曰：『人之云亡，邦國殄瘁。』無善人之謂，若之何奪之？古之王者，知命之不長，是以竝建聖哲，樹之風聲，分之采物，著之話言，爲之律度，陳之藝極，引之表儀，予之法制，告之訓典，教之防利，委之常秩，道之以禮，則使毋失其土宜，眾隸賴之，而後即命聖王同之。今縱無法，以遺後嗣，而又收其良以死，難以在上矣。」君子是以知秦之不復東征也。

此事亦見於《史記・秦本紀》：

三十九年，繆公卒，葬雍，從死者百七十七人，秦之良臣子輿氏三人，名曰奄息、仲行、鍼虎，亦在從死之中。秦人哀之，爲作歌〈黃

鳥〉之詩。君子曰：「秦繆公廣地益國，東服彊晉，西霸戎夷，然不爲諸侯盟主，亦宜哉。死而弃民，收其良臣而從死，且先王崩，尚猶遺德垂法，況奪之善人良臣，百姓所哀者乎」，是以知秦不能復東征也。

六、《左傳》成公二年

八月，宋文公卒，始厚葬，用蜃炭，益車馬，始用殉，重器備，槨有四阿，棺有翰檜，君子謂：「華元、樂舉於是乎不臣。臣，治煩去惑者也。是以伏死而爭。今二子者，君生則縱其惑，死又益其侈，是弃君於惡也，何臣之爲？」

此事亦見於《史記‧宋微子世家》：

二十二年，文公卒，子共公瑕立，始厚葬，君子譏華元不臣矣。

七、《左傳》襄公三年

祁奚請老，晉侯問嗣焉，稱解狐，其讎也，將立之而卒。又問焉，對曰：「午也可。」於是羊舌職死矣，晉侯曰：「孰可以代之？」對曰：「赤也可。」於是使祁午爲中軍尉，羊舌赤佐之。君子謂祁奚於是能舉善矣。稱其讎，不爲諂；立其子，不爲比；舉其偏，不爲黨。〈商書〉曰：「無偏無黨，王道蕩蕩」，其祁奚之謂矣。解狐得舉，祁午得位，伯華得官，建一官而三物成，能舉善也夫。唯善故能舉其類，《詩》云：「惟其有之，是以似之」，祁奚有焉。

此事亦見於《史記‧晉世家》：

三年，晉會諸侯，悼公問群臣可用者，祁傒舉解狐，解狐，傒之仇。復問，舉其子祁午。君子曰：「祁傒可謂不黨矣，外舉不隱仇，內舉不隱子。」

亦見於《新序‧雜事一》：

晉大夫祁傒老，晉君問曰：「孰可使嗣？」祁傒對曰：「解狐可。」君曰：「非子之讎耶？」對曰：「君問可，非問讎也。」晉遂舉解狐。後又問：「孰可以爲國尉？」祁傒對曰：「午也可。」君曰：「非子之子耶？」對曰：「君問可，非問子也。」君子謂祁傒能舉善矣，稱其讎不爲諂，立其子不爲比。《書》曰：「不偏不黨，王道蕩蕩。」祁傒之謂也。外舉不避仇讎，內舉不回親戚，可謂至公矣。唯善，故

能舉其類。《詩》曰：「唯其有之，是以似之。」祁俟有焉。

八、《左傳》襄公五年

季文子卒，大夫入斂，公在位，宰庀家器，爲葬備，無衣帛之妾，無食粟之馬，無藏金玉，無重器備。君子是以知季文子之忠於公室也，相三君矣，而無私積，可不謂忠乎？

此事亦見於《史記·魯周公世家》：

季文子卒，家無衣帛之妾，廄無食粟之馬，府無金玉，以相三君。君子曰：「季文子廉忠矣。」

九、《左傳》襄公十四年

吳子諸樊既除喪，將立季札。季札辭曰：「曹宣公之卒也，諸侯與曹人，不義曹君，將立子臧。子臧去之，遂弗爲也，以成曹君。君子曰：『能守節。』君義嗣也，誰敢奸君？有國，非吾節也，札雖不才，願附於子臧，以無失節。」固立之，弃其室而耕，乃舍之。

此事亦見於《史記·吳太伯世家》：

壽夢有子四人，長曰諸樊，次曰餘祭，次曰餘昧，次曰季札。季札賢，而壽夢欲立之，季札讓不可，於是乃立長子諸樊，攝行事，當國。王諸樊元年，諸樊已除喪，讓位季札，季札謝曰：「曹宣公之卒也，諸侯與曹人不義曹君，將立子臧，子臧去之，以成曹君，君子曰：『能守節矣。』君義嗣，誰敢干君，有國非吾節也，札雖不材，願附於子臧之義。」吳人固立季札，季札棄其室而耕，乃舍之。

亦見於《新序·節士》：

延陵季子者，吳王之子也，嫡同母昆弟四人，長曰遏，次曰餘祭，次曰夷昧，次曰札。札即季子，最小而賢，兄弟皆愛之。既除喪，將立季子，季子辭曰：「曹宣公之卒也，諸侯與曹人不義曹君，將立子臧，子臧去之，遂不爲也，以成曹君。君子曰：『能守節矣。』君義嗣也，誰敢干君，有國，非吾節也。季雖不材，願附子臧，以無失節。」固立之，棄其室而耕，乃舍之。

十、《左傳》襄公三十一年

六月，辛巳，公薨於楚宮，叔孫帶竊其拱璧，以與御人，納諸其懷，而從取之，由是得罪。立胡女敬歸之子子野，次于季氏。秋，九月，

癸巳，卒，毀也。己亥，孟孝伯卒，立敬歸之娣，齊歸之子公子裯，穆叔不欲，曰：「大子死，有母弟則立之，無則立長，年鈞擇賢，義鈞則卜，古之道也，非適嗣，何必娣之子。且是人也，居喪而不哀，在感而有嘉容，是謂不度，不度之人，鮮不爲患，若果立之，必爲季氏憂。」武子不聽，卒立之。比及葬，三易衰，衰裻如故，於是昭公十九年矣，猶有童心。君子是以知其不能終也。

此事亦見於《史記·魯周公世家》：

三十一年，六月，襄公卒。其九月，大子卒。魯人立齊歸之子裯爲君，是爲昭公。昭公年十九，猶有童心。穆叔不欲立，曰：「大子死，有母弟可立，不即立長，年鈞擇賢，義鈞則卜，今裯非適嗣，且有居喪，意不在戚，而有喜色，若果立，必爲季氏憂。」季武子弗聽，卒立之。比及葬，三易衰。君子曰：「是不終也。」

十一、《左傳》昭公三年

初，景公欲更晏子之宅，曰：「子之宅近市，湫隘囂塵，不可以居，請更請爽塏者。」辭曰：「臣之先臣容焉，臣不足以嗣之，於臣侈矣。且小人近市，朝夕得所求，小人之利也，敢煩里旅？」公笑曰：「子近市，識貴賤乎？」對曰：「既利之，敢不識乎？」公曰：「何貴何賤？」於是景公繁於刑，有鬻踊者。故對曰：「踊貴履賤。」既而告於君，故與叔向語而稱之。景公爲是省於刑。君子曰：「仁人之言，其利博哉，晏子一言而齊侯省刑。《詩》曰：『君子如祉，亂庶遄已』，其是之謂乎！」

此事亦見於《晏子春秋·內篇·雜下第六》：

景公欲更晏子之宅，曰：「子之宅近市，湫隘囂塵，不可以居，請更諸爽塏者。」晏子辭曰：「君之先臣容焉，臣不足以嗣之，於臣侈矣。且小人近市，朝夕得所求，小人之利也。敢煩里旅？」公笑曰：「子近市，識貴賤乎？」對曰：「既竊利之，敢不識乎？」公曰：「何貴何賤？」是時也，公繁于刑，有鬻踊者。故對曰：「踊貴履賤。」公愀然改容。公爲是省于刑。君子曰：「仁人之言，其利博哉，晏子一言，而齊侯省刑。《詩》曰：『君子如祉，亂庶遄已』，其是之謂乎！」

案：劉正浩先生《周秦諸子述左傳考》於此條下有按語引此條以證《左傳》「君子曰」非劉歆所附益，其言曰：

按：所略晏子春秋文，皆與傳同，錄出者亦無大異。所當注意者，《左傳》之「君子曰」，世多謂劉歆所附益，今見晏子此章盡錄君子之語，則知其未必可信矣。

十二、《左傳》定公九年

鄭駟歂殺鄧析，而用其竹刑。君子謂子然於是不忠，苟有可以加於國家者，弃其邪可也。〈靜女〉之三章，取彤管焉，〈竿旄〉「何以告之」，取其忠也。故用其道，不弃其人。《詩》云：「蔽芾甘棠，勿翦勿伐，召伯所茇。」思其人，猶愛其樹，況用其道，而不恤其人乎？子然無以勸能矣。

此事亦見於劉向之〈鄧析書錄〉一文，其言曰：

定公八年，太叔卒，駟歂嗣爲政。明年，乃殺鄧析，而用其竹刑。君子謂子然於是乎不忠，苟有可以加於國家，棄其邪可也。〈靜女〉之三章，取彤管焉，〈竿旄〉何以告之，取其忠也。故用其道，不棄其人。《詩》之「蔽芾甘棠，召伯所茇。」思其人猶愛其樹也，況用其道，不恤其人乎？子然無以勸能矣。

吾人由前述諸項資料中已可瞭解，《左傳》之「君子曰」曾爲先秦子書廣泛徵引，在漢朝亦有《史記》、《新序》等書引用其事，此一情形實已證明「君子曰」乃《左傳》本有之體例，非後人所能改易僞作。然「君子曰」中之「君子」所指非止一人，則「君子」所論究竟能否代表作者之評論，吾人亦當有所說明：「君子曰」係屬《左傳》書中諸種條例之一，乃對書中所載之人事加以褒貶評論，使後人有所取法炯戒。惟其評論來源不一，或爲作者自道，或爲作者採當時君子之言論，故「君子」非僅一人之稱〔註13〕，然「君子曰」之評論既經作者編排整理而成，則其評論自亦必符合作者之觀念；換言之，「君子曰」之評論雖並非全由作者寫成，然「君子曰」亦足以代表作者之觀念看法；循「君子曰」以究《左傳》之內在義理，當不致有誤入歧途之虞。

〔註13〕此一問題論者甚多，或以爲來源非一，有孔子之語，亦有當時賢人之語，亦有丘明自爲之語，後經丘明編定而成，此則孔穎達、楊明照之意也。或以爲「君子曰」全係丘明自作之辭，此則隋之魏澹、清之張照、韓菼，民國之劉師培、韓席籌諸人之意也。或以爲「君子曰」乃當時君子之意，非左氏自作，此則日人竹添光鴻之意也。然由君子論華督弒君而言，顯爲孔子之意，又如君子咎子重，則明爲當時君子，故知諸種說法中，仍以孔穎達、楊明照之言較完備也。

第二章 「君子曰」之形式

　　前文敘述《左傳》對於當時史事之種種評論，概以「君子曰」名之，實則「君子曰」乃一統稱。如張以仁先生所云：

> 這裏所說的「君子曰」，是指《左傳》於記載某人某事之後所下的論評文字。它的性質與後世史書中的論贊頗爲相似。由於它們前面大都冠有「君子曰」字樣，因此，歷來學者便都用這三字去稱呼它。其實，它有時是「君子謂」、「君子是以」，或「君子以爲」、「君子以……爲……」。並不都是「君子曰」的形式。雖然它們的實質是一樣的。〔註1〕

由此可知，其形式亦非一成不變，然則吾人於論述其內容之前，自應先說明其形式，並藉以界定本文之研究範圍。

　　《左傳》中君子評人論事之形式，依其用語不同，可分爲五類，已見前段引文，此五類共計九十條。然其中或有傳文直接引述者，亦有間接見於傳文所引之言論中者，茲分述之。

第一節　直接引述

　　《左傳》傳文中直接引述君子之評論者，凡八十五條，五種形式均有。以下即各舉一例以說明其形式，其語意有特殊作用者，亦一併說明之。

〔註1〕見張以仁，《孔孟月刊》第三卷第三期，〈關於《左傳》「君子曰」的一些問題〉。

一、「君子曰」

四月，鄭人侵衛牧，以報東門之役。衛人以燕師伐鄭，鄭祭足、原繁、洩駕以三軍軍其前，使曼伯與子元潛軍軍其後。燕人畏鄭三軍而不虞制人。六月，鄭二公子以制人敗燕師於北制。君子曰：「不備不虞，不可以師。」（隱公五年）

此類共計四十四條，數量爲各類之冠，故爲君子評論之代稱。

二、「君子謂」

鄭伯使卒出豭，行出犬雞，以詛射潁考叔者。君子謂鄭莊公「失政刑矣。政以治民，刑以正邪，既無德政，又無威刑，是以及邪，邪而詛之，將何益矣。」（隱公十一年）

此類共計有二十二條。

三、「君子是以」

此類尚可細分爲兩小類。

（一）「君子是以知」

逆婦姜于齊，卿不行，非禮也。君子是以知出姜之不允於魯也。曰：「貴聘而賤逆之，君而卑之，立而廢之，弃信而壞其主，在國必亂，在家必亡，不允宜哉？《詩》曰：『畏天之威，于時保之』，敬主之謂也。」（文公四年）

此類共計有十一條，又傳中以此一形式出現者，有七條屬預言，即由其人事之表徵而推測未來發展。

（二）「君子是以善」

夏，師及齊師圍郕，郕降於齊師。仲慶父請伐齊師，公曰：「不可，我實不德，齊師何罪？罪我之由，〈夏書〉曰：『皋陶邁種德，德乃降。』姑務脩德，以待時乎？」秋，師還。君子是以善魯莊公。（莊公八年）

此類僅一條，屬事後之表彰。

右二類合計共十二條。

四、「君子以……爲……」

春，宋督攻孔氏，殺孔父而取其妻。公怒，督懼，遂弒殤公。君子

以督爲有無君之心，而後動於惡，故先書弑其君。（桓公二年）
此類共計有四條。

五、「君子以爲」

晉范宣子來聘，且拜公之辱，告將用師于鄭。公享之，宣子賦〈摽有梅〉，季武子曰：「誰敢哉？今譬於草木，寡君在君，君之臭味也，歡以承命，何時之有？」武子賦〈角弓〉，賓將出，武子賦〈彤弓〉。宣子曰：「城濮之役，我先君文公獻弓于衡雍，受彤弓于襄王，以爲子孫藏，匄也，先君守官之嗣也，敢不承命？」君子以爲知禮。（襄公八年）

此類共計有三條。

第二節　間接稱引

《左傳》除於傳文中直接引述君子之語外，而傳載時人之應答中亦有稱引君子之言者，此形式於傳中凡五見。

一、莊公二十二年

春，陳人殺其大子御寇。陳公子完與顓孫奔齊。顓孫自齊來奔。齊侯使敬仲爲卿，辭曰：「羈旅之臣，幸若獲宥，及於寬政，赦其不閑於教訓，而免於罪戾，弛於負擔，君之惠也，所獲多矣，敢辱高位，以速官謗，請以死告。《詩》云：『翹翹車乘，招我以弓。豈不欲往，畏我友朋。』」使爲工正，飲桓公酒，樂。公曰：「以火繼之。」辭曰：「臣卜其晝，未卜其夜，不敢。」君子曰：「酒以成禮。不繼以淫，義也。以君成禮，弗納於淫，仁也。」

二、文公二年

秋，八月，丁卯，大事於大廟，躋僖公、逆祀也。於是夏父弗忌爲宗伯，尊僖公，且明見曰：「吾見新鬼大，故鬼小。先大後小，順也。躋聖賢，明也。明順，禮也。」君子以爲失禮。禮無不順，祀，國之大事也，而逆之，可謂禮乎？子雖齊聖，不先父食久矣。故禹不先鯀，湯不先契，文武不先不窋。宋祖帝乙，鄭祖厲王，猶上祖也。是以〈魯頌〉曰：「春秋匪解，享祀不忒，皇皇后帝，皇祖后稷。」

君子曰:「禮。謂其后稷親,而先帝也。」《詩》曰:「問我諸姑,遂及伯姊。」君子曰:「禮。謂其姊親,而先姑也。」

三、襄公十四年

吳子諸樊既除喪,將立季札。季札辭曰:「曹宣公之卒也,諸侯與曹人不義曹君,將立子臧。子臧去之,遂弗爲也,以成曹君。君子曰:『能守節。』君義嗣也,誰敢奸君,有國,非吾節也。札雖不才,願附於子臧,以無失節。」固立之,弃其室而耕,乃舍之。

四、昭公三年

初,州縣欒豹之邑也。及欒氏亡,范宣子、趙文子、韓宣子,皆欲之。文子曰:「溫,吾縣也。」二宣子曰:「自郤稱以別,三傳矣,晉之別縣不唯州,誰獲治之?」文子病之,乃舍之。二子曰:「吾不可以正議而自與也。」皆舍之。及文子爲政,趙獲曰:「可以取州矣。」文子曰:「退。」二子之言義也,違義,禍也。余不能治余縣,又焉用州,其以徼禍也。君子曰:「弗知實難。知而弗從,禍莫大焉。有言州必死。」

右列諸條均爲間接見於他人言辭之中,與第一節所列者不同,故另爲一節也。

由此可知,時人於言談之中稱引君子之論,實爲當時習見之事,則《左傳》以此爲一評論體例亦順理成章。惟本研究係以《左傳》直接引述之君子評論爲主,故以本章第一節所列之八十五條爲討論對象,其餘歸第二節者,與主題無關,故存而弗論。

第三章　「君子曰」之內容

　　《左傳》紀事包羅萬端，而君子評人論事，所涉亦甚廣泛，推原君子本意，誠欲藉事說理，以為後人鑒誡。然理雖質直，而人事繁雜，君子隨事論理，或解經義，或論君臣為政之道，或述其前因，或料其後果，或褒其德，或貶其惡，其評事頗深入，用語尤精審，皆見其態度之謹嚴。本章敘述君子評論之內容，即依其評論之重點，及其用語之不同，分節別類，各類中再分析歸納，依次說明。〔註1〕

第一節　解　經

　　孔子著《春秋》，以文字寓褒貶，欲使後人知所戒懼，然其文詞簡約，時日姓字，或書或否，而記事或詳或闕，後人皆知其中有深意在焉，但究竟如何，則言人人殊，君子之評論中，亦有屬解釋經義者，以下即分述之。

　　　　春，宋督攻孔氏，殺孔父而取其妻。公怒，督懼，遂弒殤公。君子
　　　　以督為有無君之心，而後動於惡，故先書弒其君。（桓公二年）
此係君子解釋《春秋》所以記「宋督弒其君與夷，及其大夫孔父」之故，蓋《春秋》以為華督已有無君之心，是以敢於作亂攻殺孔父。就事實而言，固為先殺孔父再弒殤公，然揆其心，則早已無君，故先書弒其君也。

　　　　九月，僑如以夫人婦姜氏至自齊。舍族，尊夫人也。故君子曰：「《春
　　　　秋》之稱，微而顯，志而晦，婉而成章，盡而不汙，懲惡而勸善，

〔註 1〕此分類係就其所重而分，故各類中亦可兩見，惟重出者不再具引，以附註說明。

非聖人誰能脩之？」（成公十四年）

冬，邾黑肱以濫來奔。賤而書名，重地故也。君子曰：「名之不可不慎也如是。夫有所有名而不如其已，以地叛，雖賤必書地，以名其人終爲不義，弗可滅已。是故君子動則思禮，行則思義，不爲利回，不爲義疚，或求名而不得，或欲蓋而名章，懲不義也。齊豹爲衛司寇，守嗣大夫，作而不義，其書爲『盜』；邾庶其，莒牟夷，邾黑肱以土地出，求食而已，不求其名，賤而必書，此二物者，所懲肆而去貪也。若艱難其身，以險危大人，而有名章徹，攻難之士，將奔走之。若竊邑叛君，似徼大利而無名，貪冒之民，將實力焉。是以《春秋》書齊豹曰『盜』，三叛人名，以懲不義，數惡無禮，其善志也。故曰：《春秋》之稱微而顯，婉而辨，上之人能使昭明，善人勸焉，淫人懼焉，是以君子貴之。」（昭公三十一年）

此二則係君子論孔子作《春秋》之筆法，及其用意。前一則標舉綱目，杜預即以此五者爲五體〔註2〕，詳言之，則所謂「微而顯」，「志而晦」，「婉而成章」，「盡而不汙」皆謂孔子《春秋》之筆；至於「懲惡而勸善」，則言其用心也，言雖簡易，而意實深遠中的。後一則係就實例而闡釋其義，蓋黑肱，邾之大夫也，名位輕賤，然其叛行，非人臣所應爲，故《春秋》特書其名，以彰其罪，使後人觀而知其過。由是而言之，微顯婉辨之論，誠不虛發，君子亦善解《春秋》者也。

第二節　預　言

《左傳》君子之評論，或有出於預言之方式者，蓋人之言行，實爲其心志之反映，如孔子云：「視其所以，觀其所由，察其所安，人焉廋哉！人焉廋哉！」〔註3〕欲判斷某人某事之成敗吉凶，由其外在之表徵，見微知著，即略可逆料其結果，雖非同於術士占卜，絲毫不爽，然其據以評斷之原則，即爲吾人立身處事所應踐履之德則。故本節所論，不重君子之預言是否應驗，而著重於探討其評斷之依據。

鄭息有違言，息侯伐鄭，鄭伯與戰于竟，息師大敗而還。君子是以知息之將亡也。「不度德，不量力，不親親，不徵辭，不察有罪，犯

〔註2〕見杜預，〈春秋經傳集解序〉。

〔註3〕見《論語‧爲政》。

五不韙，而以伐人，其喪師也，不亦宜乎？」（隱公十一年）

君子所以下此斷語，其理自言甚詳，息侯治國之道，可謂一無是處，其政如是，而欲求國家長治久安，亦猶緣木而求魚也。

> 王以戎難故，討王子帶。秋，王子帶奔齊。冬，齊侯使管夷吾平戎于王，使隰朋平戎于晉。王以上卿之禮享管仲。管仲辭曰：「臣，賤有司也，有天子之二守國、高在，若節春秋，來承王命，何以禮焉，陪臣敢辭。」王曰：「舅氏，余嘉乃勳，應乃懿德，謂督不忘。往踐乃職，無逆朕命。」管仲受下卿之禮而還。君子曰：「管氏之世祀也宜哉！讓不忘其上。《詩》曰：『愷悌君子，神所勞矣。』」（僖公十二年）

古往今來，鳥盡弓藏，兔死狗烹之事，可謂無代無之。若管仲相桓公，糾合諸侯，尊王攘夷，一匡天下，其功至偉，鮮有過之者，然其覲見天子，猶能謙冲自抑，不敢僭越，洵屬難能。其能禮讓如是，故君子言其世祀而不絕也。

> （魯）逆婦姜于齊，卿不行，非禮也。君子是以知出姜之不允於魯也。曰：「貴聘而賤逆之，君而卑之，立而廢之，弃信而壞其主，在國必亂，在家必亡。不允宜哉！《詩》曰：『畏天之威，于時保之。』敬主之謂也。」（文公四年）

簡言之，禮爲人行事所應遵循之規範，故就外在而言，行事合禮方能爲人接納認可；就內在而言，則代表其人之心態是否敬謹慎重。是以魯國不以禮迎出姜，而君子知其事終不諧也。

> 秦伯任好卒，以子車氏之三子奄息、仲行、鍼虎爲殉，皆秦之良也。國人哀之，爲之賦〈黃鳥〉。君子曰：「秦穆之不爲盟主也宜哉！死而弃民。先王違世，猶詒之法，而況奪之善人乎。《詩》云：『人之云亡，邦國殄瘁。』無善人之謂，若之何奪之？古之王者，知命之不長，是以竝建聖哲，樹之風聲，分之采物，著之話言，爲之律度，陳之藝極，引之表儀，予之法制，告之訓典，教之防利，委之常秩，道之以禮，則使毋失其土宜，眾隸賴之，而後即命聖王同之。今縱無法以遺後嗣，而又收其良以死，難以在上矣。」君子是以知秦之不復東征也。（文公六年）

夫治國以賢，國君進賢用能之不暇，竟以賢良爲殉，不道極矣。秦穆公以專

任孟明，故能報晉仇，霸西戎，今反以賢才爲殉，此君子所以料其不復能東征也。

> 子產相鄭伯以如晉，叔向問鄭國之政焉。對曰：「吾得見與否，在此歲也，駟良方爭，未知所成，若有所成，吾得見，乃可知也。」叔向曰：「不旣和矣乎？」對曰：「伯有侈而愎，子晳好在人上，莫能相下也。雖其和也，猶相積惡也，惡至無日矣。」……。夏，四月，己亥，鄭伯及其大夫盟。君子是以知鄭難之不已也。（襄公三十年）

治國者，貴能上下和衷共濟，戮力國事，去私怨而就大公，如此方能國治民安。若鄭之臣僚，疏於國事，專務私怨，其心如是，雖盟何益，故君子知鄭難猶未已也。

> 六月，辛巳，（襄）公薨于楚宮。……，立敬歸之娣齊歸之子公子裯。穆叔不欲，曰：「太子死，有母弟，則立之；無，則立長。年鈞擇賢，義鈞則卜，古之道也。非適嗣，何必娣之子？且是人也，居喪而不哀，在慼而有嘉容，是謂不度。不度之人，鮮不爲患。若果立之，必爲季氏憂。」武子不聽，卒立之。比及葬，三易衰。衰袵如故衰。於是昭公十九年矣，猶有童心，君子是以知其不能終也。（襄公三十一年）

事無大小，必謹慎爲之，方能有成，修身如此，治國亦如此。若魯昭公居喪不哀，臨事不敬，由傳載「猶有童心」可知其行，故君子知其終不能有爲也。

> 夏，五月，火始昏見。丙子，風。梓愼曰：「是謂融風，火之始也；七日，其火作乎！」戊寅，風甚。壬午，大甚。宋、衛、陳、鄭皆火。梓愼登大庭氏之庫以望之，曰：「宋、衛、陳、鄭也。」數日皆來告火。……。火作，子產辭晉公子，公孫于東門，使司寇出新客，禁舊客勿出於宮。使子寬、子上巡群屏攝，至于大宮。使公孫登徒大龜，使祝史徙主祏於周廟，告於先君。使府人、庫人各儆其事。商成公儆司宮，出舊宮人，寘諸火所不及。司馬、司寇列居火道，行火所焮。城下之人伍列登城。明日，使野司寇各保其徵，郊人助祝史，除於國北，禳火于玄冥、回祿，祈于四鄘。書焚室而寬其征，與之材。三日哭，國不市。使行人告於諸侯。宋、衛皆如是。陳不救火、許不弔災，君子是以知陳、許之先亡也。（昭公十八年）

民爲國本，是以治國者莫不孜孜於興民之利，除民之害，務期使民養生送死無憾，而能安居樂業。若鄭國子產之舉措周全，是眞愛民如子者。至於陳、許二國，竟絲毫不以民命爲意，則其民離矣，故君子知其先亡也。

第三節　爲君之道

一、修德持正

封建時代，一國政治之良窳，繫乎統治階層之賢能與否，而諸侯爲一國之君，其才德高下，影響尤大，故君子於爲君之道，論述亦多。君子以爲，爲君者貴能修德，而其言行，亦宜謹愼肅穆，發政施仁，而後國治可期，此君子所以美魯莊公而責魯昭公、蔡景侯、許靈公也。〔註4〕

> 夏，師及齊師圍郕。郕降于齊師。仲慶父請伐齊師。公曰：「不可。我實不德，齊師何罪？罪我之由。〈夏書〉曰：『皋陶邁種德，德，乃降。』姑務修德，以待時乎！」秋，師還。君子是以善魯莊公。（莊公八年）

> 十一月，公及楚公子嬰齊、蔡侯、許男、秦右大夫說、宋華元、陳公孫寧、衛孫良夫、鄭公子去疾、及齊國之大夫，盟于蜀。卿不書，匱盟也。於是乎畏晉而竊與楚盟，故曰匱盟。蔡侯、許男不書，乘楚車也，謂之失位。君子曰：「位其不可不愼也乎！蔡、許之君，一失其位，不得列於諸侯，況其下乎！《詩》曰：『不解于位，民之攸墍。』其是之謂矣。」（成公二年）

國君如能修德，則知所應爲，且能敬謹爲之，而不敢有悖德逾禮之事，若魯莊公即是。至魯昭公則前已論之，此不贅述。至若蔡景侯、許靈公，雖貴爲國君，顧其行事則非國君所應爲者，是以《春秋》以不書貶之。由此可知，身爲君者，自應謹守其身分，毋使失墜，如此方能治國理民，使臣民敬服。

此外，君子亦嘗就國君之行而論其人之德，如鄭莊公、齊靈公。

> 春，王正月，公會齊侯、鄭伯于中丘。癸丑，盟于鄧，爲師期。夏，五月，羽父先會齊侯、鄭伯伐宋。六月，戊申，公會齊侯、鄭伯于老桃。壬戌，公敗宋師于菅。庚午，鄭師入郜。辛未，歸于我。庚辰，鄭師入防。辛巳，歸于我。君子謂鄭莊公於是乎可謂正矣。以

〔註4〕魯昭公之行事參見本章第二節，此不再引。

王命討不庭，不貪其土，以勞王爵，正之體也。（隱公十年）

齊侯伐萊，萊人使正輿子，賂夙沙衛以索馬牛，皆百匹，齊師乃還。

君子是以知齊靈公之為靈也。（襄公二年）

鄭莊公奉王命討宋，係討其不庭之罪，而非利其土地，故雖入宋地，於理不應據為己有，是以歸魯，而君子稱其處置得宜也。至於齊靈公，其失在不應信用嬖臣，雖一時無損於齊，究屬不當，故君子特論其諡而責之。〔註5〕

由前述可知，國君自應修德自勵，以德服人，方為正道。而政治上之措施，則應本乎大公，賞善罰惡，以期政通人和，此君子所以稱晉文能刑，而鄭莊、楚共、晉平失政也。

城濮之戰，晉中軍風于澤，亡大旆之左旃。祁瞞奸命，司馬殺之，以徇于諸侯，使茅筏代之，師還。壬午，濟河。舟之僑先歸，士會攝右。秋，七月，丙申，振旅，愷以入于晉，獻俘、授馘，飲至、大賞，徵會討貳。殺舟之僑以徇于國，民於是大服。君子謂文公其能刑矣，三罪而民服。《詩》云：「惠此中國，以綏四方。」不失賞刑之謂也。（僖公二十八年）

鄭伯使卒出豭，行出犬雞，以詛射潁考叔者。君子謂鄭莊公失政刑矣。政以治民，刑以正邪，既無德政，又無威刑，是以及邪，邪而詛之，將何益矣。（隱公十一年）

楚人討陳叛故，曰：「由令尹子辛，實侵欲焉。」乃殺之。書曰：「楚殺其大夫公子壬夫」，貪也。君子謂楚共王於是不刑。《詩》曰：「周道挺挺，我心扃扃。講事不令，集人來定。」己則無信，而殺人以逞，不亦難乎。〈夏書〉曰：「成允成功。」（襄公五年）

六月，公會晉趙武、宋向戌、鄭良霄、曹人于澶淵，以討衛，疆戚田。取衛西鄙懿氏六十以與孫氏。……。於是衛侯會之。晉人執甯喜、北宮遺，使女齊以先歸。衛侯如晉，晉人執而囚之於士弱氏。秋，七月，齊侯、鄭伯為衛侯故如晉，晉侯兼享之。晉侯賦〈嘉樂〉。國景子相齊侯，賦〈蓼蕭〉。子展相鄭伯，賦〈緇衣〉。叔向命晉侯拜二君，曰：「寡君敢拜齊君之安我先君之宗祧也，敢拜鄭君之不貳也。」國子使晏平仲私於叔向，曰：「晉君宣其明德於諸侯，恤其患而補其闕，正其違而治其煩，所以為盟主也。今為臣執君，若之何？」

叔向告趙文子，文子以告晉侯。晉侯言衛侯之罪，使叔向告二君。
國子賦〈轡之柔矣〉，子展賦〈將仲子兮〉，晉侯乃許歸衛侯。……。
衛人歸衛姬于晉，乃釋衛侯。君子是以知平公之失政也。（襄公二十
六年）

孔子云：「自古皆有死，民無信不立。」〔註6〕可知治國之道，以信為先；取
信之道則在於勸善懲惡，有功必賞，有過必罰。如晉文公誅顛頡、祁瞞、舟
之僑，一以其功過而定，不因從亡之功而稍假借之，故君子美之。至於鄭莊
公，舍正道弗由，欲以詛咒之道得之；晉平公執衛侯，既而許歸之，而必待
衛人歸衛姬後始歸之，則其心意可知矣。實非一國之君所應為，故君子責
之。

第四節　為臣之道

一、去私從公

為臣者謀國事君，事無大小，自應先公後私，一以國家為重。如此方足
以與聞國之大政，若事事先計私利，次及公室，甚而玩法專擅，結黨營私，
則國危矣。此君子所以稱美季文子、石碏、祁奚者也。

季文子卒。大夫入斂，公在位，宰庀家器，為葬備。無衣帛之妾，
無食粟之馬，無藏金玉，無重器備。君子是以知季文子之忠於公室
也。相三君矣，而無私積，可不謂忠乎？（襄公五年）

春，衛州吁弒桓公而立。……。州吁未能和其民，厚問定君於石子。
石子曰：「王覲為可。」曰：「何以得覲？」曰：「陳桓公方有寵於王。
陳衛方睦，若朝陳使請，必可得也。」厚從州吁如陳。石碏使告于
陳曰：「衛國褊小，老夫耄矣，無能為也。此二人者，實弒寡君，敢
即圖之。」陳人執之，而請涖于衛。九月，衛人使右宰醜涖殺州吁
于濮。石碏使其宰獳羊肩涖殺石厚于陳。君子曰：「石碏，純臣也。
惡州吁而厚與焉。大義滅親，其是之謂乎？」（隱公四年）

祁奚請老，晉侯問嗣焉，稱解狐，其讎也，將立之而卒。又問焉，
對曰：「午也可。」於是羊舌職死矣，晉侯曰：「孰可以代之？」對
曰：「赤也可。」於是使祁午為中軍尉，羊舌赤佐之。君子謂祁奚於

〔註6〕見《論語・顏淵》。

是能舉善矣。稱其讎不爲諂，立其子不爲比，舉其偏，不爲黨。〈商書〉曰：「無偏無黨，王道蕩蕩」，其祁奚之謂矣。解狐得舉，祁午得位，伯華得官，建一官而三物成，能舉善也夫。唯善，故能舉其類。《詩》云：「惟其有之，是以似之」，祁奚有焉。（襄公三年）

季文子相三君，爲國之大老，位高權重可想而知，而家道儉樸，亦良難矣。然此猶爲消極者，若衛石碏，當逆賊弒君篡位之際，苦心孤詣，周旋其間，卒能撥亂反正，雖骨肉至親，亦不寬貸，公而忘私，故君子目之爲純臣也。若祁奚之薦人也，其所慮者，惟在得人，至於所舉者是讎是親，在所不計，有臣如此，則國治可期，是以君子不憚辭費而稱之。

爲臣者事上固宜如此，而處同僚，亦不可掉以輕心，蓋人心不同，各如其面，然彼此皆戮力從公，尤須和衷共濟，方能有成，故君子亦再三屬意焉。

荀罃、士魴卒，晉侯蒐于綿上以治兵。使士匄將中軍，辭曰：「伯游長。昔臣習於知伯，是以佐之，非能賢也。」請從伯游。荀偃將中軍，士匄佐之。使韓起將上軍，辭以趙武。又使欒黶，辭曰：「臣不如韓起，韓起願上趙武，君其聽之。」使趙武將上軍，韓起佐之；欒黶將下軍，魏絳佐之。新軍無帥，晉侯難其人，使其什吏率其卒乘官屬，以從於下軍，禮也。晉國之民是以大和，諸侯遂睦。君子曰：「讓，禮之主也。范宣子讓，其下皆讓，欒黶爲汏，弗敢違也。晉國以平，數世賴之，刑善也夫！一人刑善，百姓休和，可不務乎！《書》曰：『一人有慶，兆民賴之，其寧惟永』，其是之謂乎！周之興也，其《詩》曰：『儀刑文王，萬邦作孚』，言刑善也。及其衰也，其《詩》曰：『大夫不均，我從事獨賢』，言不讓也。世之治也，君子尚能而讓其下，小人農力以其上，是以上下有禮，而讒慝黜遠，由不爭也，謂之懿德。及其亂也，君子稱其功以加小人，小人伐其技以馮君子，是以上下無禮，亂虐並生，由爭善也，謂之昏德。國家之敝，恒必由之。」（襄公十三年）

君子論此二則〔註7〕，其意在於臣下共處，以讓爲貴，彼此謙讓，進足以共謀國利，退則可全身遠禍，其爲用亦大矣。作用近似於此者，則爲從善如流。

晉欒書侵蔡，遂侵楚，獲申驪。楚師之還也，晉侵沈，獲沈子揖。

〔註7〕另一則係論管仲能讓，其事參見本章第二節。

初從知、范、韓也。君子曰：「從善如流，宜哉！《詩》曰：『愷悌君子，遐不作人』，求善也夫，作人斯有功績矣。」（成公八年）

宋左師請賞曰：「請免死之邑。」公與之邑六十，以示子罕。子罕曰：「凡諸侯小國，晉楚所以兵威之，畏而後上下慈和，慈和而後能安靖其國家，以事大國，所以存也。無威則驕，驕則亂生，亂生必滅，所以亡也。天生五材，民並用之，廢一不可，誰能去兵？兵之設久矣，所以威不軌而昭文德也。聖人以興，亂人以廢。廢興存亡，昏明之術，皆兵之由也。而子求去之，不亦誣乎？以誣道蔽諸侯，罪莫大焉。縱無大討，而又求賞，無厭之甚也。」削而投之。左師辭邑，向氏欲攻司城。左師曰：「我將亡，夫子存我，德莫大焉，又可攻乎？」君子曰：「彼己之子，邦之司直，樂喜之謂乎？何以恤我，我其收之，向戌之謂乎？」（襄公二十七年）

臣僚之間，彼此能從善如流，則氣象和諧，謀事無不順遂，此晉欒書所以能克敵致果也。至於宋之向戌、樂喜，則尤可貴。夫向戌自恃弭兵之功而請邑，不遂而能無所怨怒，樂喜則能秉持正論，不為所動。一能服善，一能責善，是皆非常人所能及，故君子美之。相對於此者，則如鄭之群臣及宋之羊斟。〔註8〕

春，鄭公子歸生受命于楚，伐宋，宋華元、樂呂禦之。二月，壬子，戰于大棘。……。將戰，華元殺羊食士，其御羊斟不與。及戰，曰：「疇昔之羊，子為政。今日之事，我為政。」與入鄭師，故敗。君子謂羊斟非人也。以其私憾，敗國殄民，於是刑孰大焉？《詩》所謂人之無良者，其羊斟之謂乎？殘民以逞。（宣公二年）

鄭國群臣內鬨，雖盟無益，前已論之，然由是觀之，則其國勢不振，亦種因於此。至宋羊斟，則喪心病狂，莫此為甚，以其小憾，竟至敗師辱國，「非人」之評，不亦宜乎！

二、慎謀能斷

為臣下者，事主謀國，須盡心不貳，固不待言。然盡忠非僅志節不移之謂也，夫秉權理政者，匡君濟世，治國安民，皆為分內之事，是以舉措之際，自宜深思熟慮，務期盡善，此亦君子所留心者也。

〔註 8〕 其中一則係論「鄭難不已」，其事參見本章第二節。

春，楚子禦之（巴人），大敗於津。還，鬻拳弗納。遂伐黃，敗黃師
于踖陵。還及湫，有疾。夏，六月，庚申，卒。鬻拳葬諸夕室，亦
自殺也，而葬於絰皇。初，鬻拳強諫楚子，楚子弗從。臨之以兵，
懼而從之。鬻拳曰：「吾懼君以兵，罪莫大焉」，遂自刖也。楚人以
爲大閽，謂之大伯，使其後掌之。君子曰：「鬻拳可謂愛君矣，諫以
自納於刑，刑猶不忘納君於善。」（莊公十九年）

楚子囊還自伐吳，卒。將死，遺言謂子庚，必城郢。君子謂子囊忠。
君薨不忘增其名，將死不忘衛社稷，可不謂忠乎？忠，民之望也。《詩》
曰：「行歸于周，萬民所望，忠也。」（襄公十四年）

君過而不諫，是臣下失職，諫而必使君從之，則尤難也。而楚之鬻拳，以兵
諫脅君從之於前，復自納於刑，以正君討於後；其愛君之心切，而行事之周
密，實無愧於君子稱其爲愛君也。又若楚之令尹子囊，誠如君子所言之「君
薨不忘增其名，將死不忘衛社稷」，其謀國之誠，事主之忠，實無以復加，故
君子許之以忠也。然君子論其志節純一，僅忠之一端耳，謀事有成，亦得以
忠許之，此非以成敗而論，蓋以其所謀繫乎國家安危，不容稍有疏忽也。

春，王人救衛。夏，衛侯入，放公子黔牟于周，放甯跪于秦，殺左
公子洩、右公子職，乃即位。君子以二公子之立黔牟爲不度矣。夫
能固位者，必度於本末，而後立衷焉，不知其本，不謀；知本之不
枝，弗強。《詩》云：「本枝百世。」（莊公六年）

九月，晉獻公卒。里克、丕鄭欲納文公，故以三公子之徒作亂。初，
獻公使荀息傅奚齊。公疾，召之曰：「以是藐諸孤，辱在大夫，其若
之何？」稽首而對曰：「臣竭其股肱之力，加之以忠貞。其濟，君之
靈也。不濟，則以死繼之。」公曰：「何謂忠貞？」對曰：「公家之
利，知無不爲，忠也。送往事居，耦俱無猜，貞也。」及里克將殺
奚齊，先告荀息曰：「三怨將作，秦晉輔之，子將何如？」荀息曰：
「將死之。」里克曰：「無益也。」荀叔曰：「吾與先君言矣，不可
以貳。能欲復言而愛身乎？雖無益也，將焉辟之？且人之欲善，誰
不如我？我欲無貳，而能謂人已乎？」冬，十月，里克殺奚齊于次。
書曰：「殺其君之子」，未葬也。荀息將死之。人曰：「不如立卓子而
輔之。」荀息立公子卓以葬。十一月，里克殺公子卓于朝。荀息死
之。君子曰：「《詩》所謂白圭之玷，尚可磨也，斯言之玷，不可爲

也。荀息有焉。」(僖公九年)

鄭公子班聞叔申之謀。三月，子如立公子繻。夏，四月，鄭人殺繻立髡頑，子如奔許。欒武子曰：「鄭人立君，我執一人焉，何益，不如伐鄭，而歸其君，以求成焉。」晉侯有疾，五月，晉立太子州蒲以為君，而會諸侯伐鄭。鄭子罕賂以襄鐘，子然盟于脩澤，子駟為質。辛巳，鄭伯歸。……。鄭伯討立君者，戊申，殺叔申、叔禽。君子曰：「忠為令德，非其人猶不可，況不令乎？」(成公十年)〔註9〕

春，楚子重伐吳，為簡之師。克鳩茲，至于衡山。使鄧廖帥組甲三百，被練三千以侵吳。吳人要而擊之，獲鄧廖。其能免者，組甲八十、被練三百而已。子重歸，既飲至。三日，吳人伐楚，取駕。駕，良邑也。鄧廖，亦楚之良也。君子謂子重於是役也，所獲不如所亡。楚人以是咎子重。子重病之，遂遇心疾而卒。(襄公三年)

夏，許悼公瘧。五月，戊辰，飲太子止之藥卒。太子奔晉。書曰：「弒其君。」君子曰：「盡心力以事君，舍藥物可也。」(昭公十九年)

楚人獻黿於鄭靈公。公子宋與子家將見，子公之食指動，以示子家，曰：「他日我如此，必嘗異味。」及入，宰夫將解黿，相視而笑。公問之，子家以告。及食大夫黿，召子公而弗與也。子公怒，染指於鼎，嘗之而出。公怒，欲殺子公。子公與子家謀先。子家曰：「畜老猶憚殺之，而況君乎？」反譖子家。子家懼而從之。夏，弒靈公。書曰：「鄭公子歸生弒其君夷」，權不足也。君子曰：「仁而不武，無能達也。」(宣公四年)

八月，宋文公卒。始厚葬，用蜃炭，益車馬，始用殉，重器備。槨有四阿，棺有翰檜。君子謂華元、樂舉於是乎不臣。臣，治煩去惑者也，是以伏死而爭。今二子者，君生則縱其惑，死又益其侈，是弃君於惡也，何臣之為？(成公二年)

衛之二公子，非不忠於國，特昧於時勢耳，故本為名正言順之舉，反成君亡臣死之亂，此蓋不能審度形勢有以致之。至晉之荀息，其心固忠貞，然於獻公託孤之際，不能進以擇嫡擇賢之義，徒令奚齊、卓子喪命，己亦殉之，雖

〔註9〕按君子所謂「非其人」，依楊伯峻，《春秋左傳注》所言「『非其人』古有兩解，一指盡忠之人，此指叔申，意謂叔申不足以行忠德。見顧炎武，《補正》引陸粲說。一指所忠之對象，此指鄭成公，謂鄭成公不能為之效忠。見杜注。」本文則取後一解，即謂叔申所忠非人也。

云「以死繼之」，究有何益？而鄭之叔申，其謀國之心，至矣盡矣。所惜者，其以不得君信之人，行廢立嫌疑之事，其謀雖成而身死名裂，亦由見事不明也。夫宋襄公爲楚成王所劫，而公子目夷即自立以絕楚望〔註10〕，事亦近之，然宋國君臣必甚相得，故能無所猜忌，而叔申算不及此，此君子所以惜之也。楚之子重爲國出征，雖有小勝，而得失相較，難補其失，有臣下如是，則國危矣，故君子責之。若許太子止，其事君父之心，蓋無可疑，然君子所爲惜之者，診脈治病，非其分內之事，故云「舍藥物可也」。而鄭公子歸生，身爲國之大臣，既不能於事前弭亂止禍，又不能於事後仗義討賊，是以君子評其「無能達也」。若宋之華元、樂舉，不僅不能分君之憂，反使國君於違世之後猶得惡名，是豈爲臣之道，故君子責其爲不臣也。

> 鄭駟歂殺鄧析而用其竹刑。君子謂子然於是不忠。苟有可以加於國家者，弃其邪可也。〈靜女〉之三章，取彤管焉；〈竿旄〉何以告之，取其忠也。故用其道，不弃其人。《詩》云：「蔽芾甘棠，勿翦勿伐，召伯所茇。」思其人，猶愛其樹，況用其道，而不恤其人乎！子然無以勸能矣。（定公九年）

子然身執國政，當思進賢用能，蔚爲國用。苟有一毫可取，亦當用之，雖然鄧析或有小過，然用竹刑而殺之，亦已過矣，將絕後人之望，故云：「子然無以勸能矣」，治國而使賢者卻步，於國不利，故謂之不忠。

第五節　爲政之道

一、以民爲本

「民惟邦本，本固邦寧。」〔註11〕乃古之明訓。歷來主政者，大多本「天視民視」、「天聽民聽」之義，重視民意，顧念人民疾苦，雖其體制異於今日之民主政治，然以民爲本，殆可名爲「民本政治」。三代之時，湯、武之所以能克桀、紂，其故皆在於民心之向背也。下至春秋、戰國，儒家固甚爲強調此義，《左傳》之君子評論亦不乏此例，以下即分述之。

> 冬，楚師侵衛，遂侵我師于蜀。……。楚師及宋。……。是行也，晉辟楚，畏其眾也。君子曰：「眾之不可以已也。大夫爲政，猶以眾

〔註10〕其事參見《公羊傳》，僖公二十一年。
〔註11〕語出《尚書・夏書・五子之歌》。

克，況明君而善用其眾乎？〈大誓〉所謂商兆民離，周十人同者，
眾也。」（成公二年）

晉楚爭霸，互相征伐，悖於民意，然彼二國之執政者，亦知眾之可畏，蓋其
時斯文猶未全喪也，故雖當末世，亦有賢君如邾文公者。

邾文公卜遷于繹。史曰：「利於民而不利於君。」邾子曰：「苟利於
民，孤之利也。天生民而樹之君，以利之也。民既利矣，孤必與焉。」
左右曰：「命可長也，君何弗爲？」邾子曰：「命在養民。死之短長，
時也。民苟利矣，遷也，吉莫如之！」遂遷于繹。五月，邾文公卒。
君子曰：「知命。」（文公十三年）

「天生民而樹之君」，在上位者，非因此而養尊處優，而有保民安康之重責，
是以堯舜禪讓，毫不戀棧；而禹卑宮室，盡力乎溝洫。蓋其位愈高，其責愈
重。後來之人，變養民爲自奉，猶以爲有恩於民，其視邾文公，能無愧乎？
治國者，百姓庶人，固必使之安居樂業，而宗室親族，較百姓尤親，自宜善
遇之。此君子所以知莒展輿之必不立也。〔註12〕

莒展輿立，而奪群公子秩，公子召去疾于齊。秋，齊公子鉏納去疾，
展輿奔吳。……。君子曰：「莒展之不立，弃人也夫，人可弃乎？」
《詩》曰：「無競維人，善矣。」（文公十三年）

陳、許先亡之故，前已論之。莒展輿立，因奪群公子秩，以致失位而亡，殆
可謂禍起蕭牆。然推其故，則自召也。是皆弃人之過，故如君子所云：「人可
弃乎？」爲政者當有取於此矣。

二、知人善任

保民養民乃爲政者之責任，已見前述。然集思可以廣益，個人才力有限，
自難兼顧周全，故爲政者必任用賢能，且使其才位相稱，得以人盡其才而事
半功倍。此爲政之要務，君子亦嘗論之。

宋穆公疾，召大司馬孔父而屬殤公焉，曰：「先君舍與夷而立寡人，
寡人弗敢忘，若以大夫之靈，得保首領以沒，先君若問與夷，其將
何辭以對，請子奉之，以主社稷，寡人雖死，亦無悔焉。」對曰：「群
臣願奉馮也。」公曰：「不可，先君以寡人爲賢，使主社稷，若弃德
不讓，是廢先君之舉也，豈曰能賢，光昭先君之令德，可不務乎？

〔註12〕陳許先亡之事參見本章第二節。

吾子其無廢先君之功。」使公子馮出居於鄭。八月，庚辰，宋穆公卒，殤公即位。君子曰：「宋宣公可謂知人矣，立穆公，其子饗之，命以義夫！〈商頌〉曰：『殷受命咸宜，百祿是荷』，其是之謂乎？」（隱公三年）

巴人伐楚，圍鄾。初，右司馬子國之卜也。觀瞻曰：「如志。」故命之。及巴師至，將卜帥，王曰：「寧如志，何卜焉。」使帥師而行。請承，王曰：「寢尹、工尹勤先君者也。」三月，楚公孫寧、吳由于、蔿固敗巴師于鄾。故封子國於析。君子曰：「惠王知志。〈夏書〉曰：『官占，唯能蔽志，昆命于元龜，』其是之謂乎？志曰：『聖人不煩卜筮。』惠王其有焉。」（哀公十八年）

秦伯伐晉，濟河焚舟，取王官及郊，晉人不出，遂自茅津濟，封殽尸而還，遂霸西戎，用孟明也。君子是以知秦穆公之為君也，舉人之周也，與人之壹也。孟明之臣也，其不解也，能懼思也。子桑之忠也，其知人也，能舉善也。《詩》曰：「于以采蘩，于沼于沚，于以用之，公侯之事。」秦穆有焉。「夙夜匪解，以事一人」。孟明有焉。「詒厥孫謀，以燕翼子。」子桑有焉。（文公三年）

楚公子午為令尹，公子罷戎為右尹，蔿子馮為大司馬，公子橐師為右司馬，公子成為左司馬，屈列為莫敖，公子追舒為箴尹，屈蕩為連尹，養由基為宮廄尹，以靖國人。君子謂楚於是乎能官人。官人，國之急也。能官人，則民無覦心。《詩》云：「嗟我懷人，寘彼周行」，能官人也。王及公、侯、伯、子、男、甸、采、衛大夫，各居其列，所謂周行也。（襄公十五年）

君子所謂知人，意即知人之賢愚不肖，必如此，方能處置得宜。如宋宣公之立其弟和（穆公）而不立子與夷（殤公），知穆公必能成其志也，故君子稱其「立穆公，其子饗之」，是可謂知人矣。雖然後有華督弒立之禍，自是臣下為之，與子馮無涉，固未損宣公之明也。而楚惠王之命官也，因其能知人，是以「不煩卜筮」，所謂「卜以決疑，不疑，何卜？」〔註13〕惠王能知人，故不疑，是以君子稱其「知志」。夫設官任職，乃為政要務，才不稱職，必至僨事，用人是否得宜，全賴主政者之是否知人，此君子所以美秦穆公也。孟明以敗君之將，孤身歸國，而穆公信用不移，自非常人能及；有君如此，而後有臣

〔註13〕語見《左傳》，桓公十一年鬭廉語。

如子桑之舉善進賢，孟明之戮力報國，君臣相得，以霸西戎。至楚國任才用賢，使能各安其位而盡其才，是以國家安靖而百姓安居。其深諳爲國之道，故君子亦稱之。

　　知賢而用，固爲要務，然知其不賢，亦必黜之，否則必受其害，此君子惜於鄭昭公者也。

> 初，鄭伯將以高渠彌爲卿，昭公惡之，固諫不聽。昭公立，懼其殺己也。辛卯，弑昭公而立公子亹。君子謂昭公知所惡矣。（桓公十七年）

高渠彌之心性，太子忽知之甚深，即位以後，不能善爲措置，反爲高渠彌所害。知之而不能早爲之備，故君子論之以爲後人戒也。〔註14〕

三、戒備不虞

　　善爲政者，貴能謹愼將事，以善爲法，以惡爲鑑，如此自能日進於德，進可以治國，退足以保身。

> 九月，鄭公孫黑肱有疾，歸邑於公，召室老、宗人，立段，而使黜官薄祭，祭以特羊，殷以少牢，足以共祀，盡歸其餘邑，曰：「吾聞之，生於亂世，貴而能貧，民無求焉，可以後亡。敬共事君，與二三子，生在敬戒，不在富也。」己巳，伯張卒。君子曰：「善戒。《詩》曰：『愼爾侯度，用戒不虞。』鄭子張其有焉。」（襄公二十二年）
>
> 楚人滅江。秦伯爲之降服，出次，不舉，過數，大夫諫。公曰：「同盟滅，雖不能救，敢不矜乎？吾自懼也。」君子曰：「《詩》云：『惟彼二國，其政不獲，惟此四國，爰究爰度。』其秦穆之謂矣。」（文公四年）
>
> 春，吳伐郯，郯成。季文子曰：「中國不振旅，蠻夷入伐，而莫之或恤，無弔者也夫。」《詩》曰：「不弔昊天，亂靡有定。其此之謂乎？有上不弔，其誰不受亂，吾亡無日矣。」君子曰：「知懼如是，斯不亡矣。」（成公七年）

處亂世而保首領以沒，亦難矣。必如公孫黑肱之之「貴而能貧」，「生在敬戒，不在富也」，而後可以保其身，故君子稱之。又如秦穆公、季文子，能以他國之見伐被滅爲戒，而生惕厲之心，誠君子所謂「斯不亡矣」。至於燕人、莒人，

〔註14〕本節另有一則秦穆公以三良爲殉者，因事已見本章第二節，故此處不再引論。

則足爲不戒者鑑。

> 四月，鄭人侵衛牧，以報東門之役。衛人以燕師伐鄭。鄭祭足、原
> 繁、洩駕，以三軍軍其前；使曼伯與子元潛軍軍其後。燕人畏鄭三
> 軍，而不虞制人。六月，鄭二公子以制人，敗燕師于北制。君子曰：
> 「不備不虞，不可以師。」（隱公五年）

> 晉侯使申公巫臣如吳，假道于莒，與渠丘公立於池上，曰：「城已惡。」
> 莒子曰：「辟陋在夷，其孰以我爲虞。」對曰：「夫狡焉，思啓封疆，
> 以利社稷者，何國蔑有？唯然，故多大國矣。唯或思或縱也，勇夫
> 重閉，況國乎？」……（八年）冬，十一月，楚子重自陳伐莒，圍
> 渠丘。渠丘城惡，眾潰，奔莒。戊申，楚入渠丘。莒人囚楚公子平。
> 楚人曰：「勿殺，吾歸而俘。」莒人殺之，楚師圍莒，莒城亦惡。庚
> 申，莒潰，楚遂入鄆，莒無備故也。君子曰：「恃陋而不備，罪之大
> 者也。備豫不虞，善之大者也。莒恃其陋，而不脩城郭，浹辰之間，
> 而楚克其三都，無備也夫。《詩》曰：『雖有絲麻，無棄菅蒯，雖有
> 姬姜，無棄蕉萃，凡百君子，莫不代匱。』言備之不可以已也。」
> （成公八、九年）

兵者，凶事也，亦國之大事也。自須處處謹慎。如燕人行軍，瞻前而不顧後，
宜其敗陣也。若莒人則更不足論矣，國無大小，皆應繕修宮室城溝，尚恐有
所疏漏，莒人恃其狹陋，地處偏僻，以爲無可虞者，實輕率已極，故君子稱
其爲「罪之大者也」。

第六節　交鄰國之道

一、循道量力

　　春秋時代，諸侯間彼此大小強弱不一，而強凌弱，眾暴寡，毫無道義可
言。然以小事大，其所以**趨吉避凶**之道，亦有理可循。依君子所論，略可名
爲循道量力，以下即分述之。

> 秋，楚共王卒。……。吳侵楚，養由基奔命，子庚以師繼之。養叔
> 曰：「吳乘我喪，謂我不能師也，必易我而不戒，子爲三覆以待我，
> 我請誘之」。子庚從之。戰于庸浦，大敗吳師，獲公子黨。君子以吳
> 爲不弔，《詩》曰：「不弔昊天，亂靡有定。」（襄公十三年）

鄰國有喪，諸侯當致哀戚之忱，而吳竟乘喪伐之，不僅有失相恤之義，亦不仁之甚，其喪師辱國，咎由自取也。

> 鄭伯歸自晉。使子西如晉聘，辭曰：「寡君來煩執事，懼不免於戾，使夏謝不敏。」君子曰：「善事大國。」（襄公二十六年）

諸侯相交，固須彼此扶恤。然其時唯力是視，大國以爭盟闢土爲務，小國則求自保。若鄭簡公者，以謙敬事大國，始終有禮，是以君子稱其「善事大國」也。

> 晉文公之季年，諸侯朝晉，衛成公不朝，使孔達侵鄭，伐綿訾及匡。晉襄公既祥，使告于諸侯，而伐衛，及南陽。先且居曰：「效尤禍也，請君朝王，臣從師。」晉侯朝王于溫。先且居，胥臣伐衛。五月，辛酉，朔，晉師圍戚。六月，戊戌，取之，獲孫昭子。衛人使告于陳。陳共公曰：「更伐之，我辭之。」衛孔達帥師伐晉。君子以爲古，古者越國而謀。（文公元年）〔註15〕

夫政情民心，各國不同，故委國政於大國者，未之聞也。此所以君子以衛爲迂曲也。

> 五月，庚申，鄭伯侵陳，大獲。往歲，鄭伯請成于陳，陳侯不許。五父諫曰：「親仁善鄰，國之寶也，君其許鄭。」陳侯曰：「宋衛實難，鄭何能爲。」遂不許。君子曰：「善不可失，惡不可長，其陳桓公之謂乎。長惡不悛，從自及也，雖欲救之，其將能乎？〈商書〉曰：『惡之易也，如火之燎于原，不可鄉邇，其猶可撲滅。』周任有言曰：『爲國家者，見惡如農夫之務去草焉，芟夷蘊崇之，絕其本根，勿使能殖，則善者信矣。』」（隱公六年）

> 隨以漢東諸侯叛楚。冬，楚國鬭穀於菟帥師伐隨，取成而還。君子曰：「隨之見伐，不量力也。量力而動，其過鮮矣，善敗由己，而由人乎哉？《詩》曰：『豈不夙夜，謂行多露。』」（僖公二十年）

小國處大國之間，雖苦心周全，猶懼朝不保夕。乃有強國前來請成而不知把握之陳侯；有不自量力而與大國戰之息侯、隨侯〔註16〕，是皆不明量力自保

〔註15〕按君子所謂「古」者，學者見解不一，或以爲古者乃合古之道也，如杜預、劉炫均作此解；于鬯則以古有固陋意；楊伯峻則以古通沽，取鄭玄注，《禮記·檀弓》之說，解爲略之意，以上諸說均見楊伯峻，《春秋左傳注》所引，今參較眾說，以楊伯峻之說爲近理，故從之焉。

〔註16〕息侯不自量力事，參見本章第二節。

之義，此君子所以論之也。

第七節　論　禮

　　《左傳》解經，多有以禮釋之者，故鄭玄《六藝論》云：「左氏善於禮」。而君子論事，亦多有據禮以評之者。或稱其知禮、有禮，或責其失禮、非禮，言簡意切，足以發人深省，以下即依其美刺之不同分段敘述。

　　（昭）公如晉，自郊勞至于贈賄無失禮。晉侯謂女叔齊曰：「魯侯不亦善於禮乎？」對曰：「魯侯焉知禮。」公曰：「何為，自郊勞至于贈賄，禮無違者，何故不知？」對曰：「是儀也，不可謂禮。禮所以守其國，行其政令，無失其民者也。今政令在家，不能取也，有子家羈，弗能用也。奸大國之盟，陵虐小國，利人之難，不知其私，公室四分，民食於他，思莫在公，不圖其終。為國君，難將及身，不恤其所，禮之本末，將於此乎在。而屑屑焉習儀以亟，言善於禮，不亦遠乎？」君子謂叔侯於是乎知禮。（昭公五年）

　　夏，公會鄭伯于郲，謀伐許也。……。壬午，遂入許，許莊公奔衛。齊侯以許讓公。公曰：「君謂許不共，故從君討之。許既伏其罪矣，雖君有命，寡人弗敢與聞。」乃與鄭人。鄭伯使許大夫百里，奉許叔以居許東偏，曰：「天禍許國，鬼神實不逞于許君，而假手于我寡人。……。吾其能與許爭乎？」君子謂鄭莊公於是乎有禮。禮經國家，定社稷，序民人，利後嗣者也。許無刑而伐之，服而舍之，度德而處之，量力而行之，相時而動，無累後人，可謂知禮矣。（隱公十一年）

依君子所論可知，所謂禮者，非僅明習禮文之謂也，必如叔侯之言，「守國行政，不失其民」，方為有禮。換言之，「經國家，定社稷，序民人，利後嗣」是禮之大本，外在之儀式節文，僅其末耳。故如鄭莊公之存許，君子許為有禮。

　　公如晉，朝嗣君也。……。公至自晉。晉范宣子來聘，且拜朝也。君子謂晉於是乎有禮。（成公十八年）

　　晉范宣子來聘，且拜公之辱，告將用師于鄭。公享之，宣子賦〈摽有梅〉。季武子曰：「誰敢哉，今譬於草木，寡君在君，君之臭味也，歡以承命，何時之有。」武子賦〈角弓〉，賓將出，武子賦〈彤弓〉。

宣子曰：「城濮之役，我先君文公獻功于衡雍，受彤弓于襄王，以爲子孫藏。匄也先君守官之嗣也，敢不承命。」君子以爲知禮。（襄公八年）

六月，丙午，楚子合諸侯于申，椒舉言於楚子曰：「臣聞諸侯無歸，禮以爲歸。今君始得諸侯，其慎禮矣，霸之濟否，在此會也。夏啓有鈞臺之享，商湯有景亳之命，周武有孟津之誓，成有岐陽之蒐，康有酆宮之朝，穆有塗山之會，齊桓有召陵之師，晉文有踐土之盟，君其何用？宋向戍、鄭公孫僑在，諸侯之良也，君其選焉。」王曰：「吾用齊桓。」王使問禮於左師與子產。左師曰：「小國習之，大國用之，敢不薦聞。」獻公合諸侯之禮六。子產曰：「小國共職，敢不薦守。」獻伯、子、男會公之禮六。君子謂合左師善守先代，子產善相小國。（昭公四年）

三月，鄭簡公卒。將爲葬除，及游氏之廟，將毀焉。子大叔使其除徒執用以立，而無庸毀，曰：「子產過女，而問何故不毀，乃曰：『不忍廟也，諾，將毀矣。』」既如是，子產乃使辟之。司墓之室，有當道者，毀之，則朝而塴；弗毀，則日中而塴。子大叔請毀之曰：「無若諸侯之賓何。」子產曰：「諸侯之賓，能來會吾喪，豈憚日中，無損於賓，而民不害，何故不爲。」遂弗毀，日中而葬。君子謂子產於是乎知禮，禮，無毀人以自成也。（昭公十二年）

晉悼公繼位而魯成公來賀，悼公復遣人報聘，所謂禮尚往來也。他如士匄、向戍、子產諸人，不過能守禮文，應答有節耳。衡之以叔侯之言，猶有未逮，然其時多無禮，若此諸人亦難能矣，故君子稱之。

夏，四月，鄭伯如晉，公孫段相，甚敬而卑，禮無違者，晉侯嘉焉，授之以策，曰：「子豐有勞於晉國，余聞而弗忘，賜女州田，以胙乃舊勳。」伯石再拜稽首，受策以出。君子曰：「禮其人之急也乎，伯石之汰也，一爲禮於晉，猶荷其祿，況以禮終始乎？《詩》曰：『人而無禮，胡不遄死。』其是之謂乎！」（昭公三年）

人之視聽言動，若皆能依禮而行，則汰侈如欒黶、伯石，亦能謙讓敬慎，而長保壽祿，「禮其人之急也」，旨哉斯言。

秋，八月，丁卯。大事于大廟，躋僖公，逆祀也。於是夏父弗忌爲宗伯，尊僖公，且明見曰：「吾見新鬼大，故鬼小，先大後小，順也；躋聖賢，明也；明順，禮也。」君子以爲失禮。禮無不順。祀，國

之大事也，而逆之，可謂禮乎？子雖齊聖，不先父食久矣。故禹不先鯀，湯不先契，文、武不先不窋，宋祖帝乙，鄭祖厲王，猶上祖也。是以〈魯頌〉曰：「春秋匪解，享祀不忒，皇皇后帝，皇祖后稷。」君子曰：「禮，謂其后稷親而先帝也。」《詩》曰：「問我諸姑，遂及伯姊。」君子曰：「禮，謂其姊親而先姑也。」（文公二年）

夏，齊姜薨。初，穆姜使擇美檟，以自爲櫬，與頌琴。季文子取以葬。君子曰：「非禮也。禮無所逆，婦，養姑者也，虧姑以成婦，逆莫大焉。《詩》曰：『其惟哲人，告之話言，順德之行』。季孫於是爲不哲矣。且姜氏，君之妣也，《詩》曰：『爲酒爲醴，烝畀祖妣，以洽百禮，降福孔偕。』」（襄公二年）

楚人伐宋以救鄭。……。丙子晨，鄭文夫人羋氏，姜氏，勞楚子於柯澤。楚子使師縉示之俘馘。君子曰：「非禮也。婦人送迎不出門，見兄弟不逾閾，戎事不邇女器。」（僖公二十二年）

夫人氏之喪至自齊。君子以齊人之殺哀姜也，爲已甚矣，女子從人者也。（僖公元年）

此四則係君子論非禮之事，依君子所論，禮以順爲上，所謂順者，即卑不逾尊，疏不逾親之意也。然則魯國逆祀，季孫「虧姑以成婦」，皆爲非禮也，故君子責之。而「戎事不邇女器」則亦當時之通則也，故反之亦爲非禮，是以君子責之。至齊人殺哀姜，君子以爲過甚者，蓋自婦人三從之義言之也〔註17〕，既無自主之權，則殺之亦過矣。

王取鄔、劉、蒍、邘之田于鄭，而與鄭人蘇忿生之田：溫、原、絺、樊、隰郕、欑茅、向、盟、州、陘、隤、懷。君子是以知桓王之失鄭也。恕而行之，德之則也，禮之經也。己弗能有，而以與人，人之不至，不亦宜乎！（隱公十一年）

春，鄭公子歸生受命于楚，伐宋。……。（宋）狂狡輅鄭人，鄭人入于井，倒戟而出之，獲狂狡。君子曰：「失禮違命，宜其爲禽也。戎，昭果毅以聽之之謂禮，殺敵爲果，致果爲毅，易之，戮也。」（宣公二年）

秋，定姒薨，不殯于廟，無櫬不虞。匠慶謂季文子曰：「子爲正卿，而小君之喪不成，不終君也。君長，誰受其咎？」初，季孫爲己樹

〔註17〕三從係「未嫁從父，既嫁從夫，夫死從子」之謂也。見《儀禮‧喪服》傳。

六櫬於蒲圃東門之外，匠慶請木，季孫曰：「略。」匠慶用蒲圃之櫬，季孫不御。君子曰：「志所謂『多行無禮，必自及也。』其是之謂乎！」（襄公四年）

晉師將盟衛侯于鄟澤，趙簡子曰：「群臣誰敢盟衛君者？」涉佗、成何曰：「我能盟之。」衛人請執牛耳，成何曰：「衛，吾溫、原也，焉得視諸侯？」將歃，涉佗捘衛侯之手，及捥，衛侯怒。……。乃叛晉。……。（八年）晉趙鞅圍衛，報夷儀也。初，衛侯伐邯鄲午於寒氏，城其西北而守之，宵熸。及晉圍衛，午以徒七十人，門於衛西門，殺人於門中曰：「請報寒氏之役。」涉佗曰：「夫子則勇矣，然我往，必不敢啟門。」亦以徒七十人，旦門焉，步左右，皆至而立，如植。日中，不啟門，乃退。反役，晉人討衛之叛故，曰：「由涉佗、成何。」於是執涉佗以求成於衛，衛人不許，晉人遂殺涉佗，成何奔燕。君子曰：「此之謂弃禮，必不鈞。《詩》曰：『人而無禮，胡不遄死。』涉佗亦遄矣哉！」（定公八年、十年）

前段君子僅論失禮之事，此段則論失禮之後果。人而失禮，則如晉之涉佗被殺，宋之狂狡被擒，而出姜之不得善終於魯，桓王之失鄭，季孫之為人所輕，雖其致禍輕重不一，然皆因失禮有以致之，故人不可須臾失禮，此君子所以亟論之也。

第八節　論　義

《左傳》君子論義，以為行所當行即合於義，反之則為不義。而行所當行之意，則謂吾人行事，應先審度其時地身份，權衡得失，而後行之。如此則不致敗德悖義，此君子所以善石碏、狼瞫而責慶氏、共姬也。〔註18〕

晉襄公縛秦囚，使萊駒以戈斬之，囚呼，萊駒失戈，狼瞫取戈以斬囚，禽之以從公乘，遂以為右。箕之役，先軫黜之，而立續簡伯。狼瞫怒。其友曰：「盍死之？」瞫曰：「吾未獲死所。」其友曰：「吾與女為難。」瞫曰：「《周志》有之：『勇則害上，不登於明堂』；死而不義，非勇也，共用之謂勇，吾以勇求右，無勇而黜，亦其所也，謂上不我知，黜而宜，乃知我矣！子姑待之。」及彭衙既陳，以其

〔註18〕石碏大義滅親事參見本章第四節，此不復引。

屬馳秦師，死焉。晉師從之，大敗秦師。君子謂狼瞫於是乎君子。《詩》曰：「君子如怒，亂庶遄沮。」又曰：「王赫斯怒，爰整其旅。」怒不作亂，而以從師，可謂君子矣。（文公二年）

衛石碏討逆定國，其用心之深，謀畫之詳，前已言之矣。晉之狼瞫，於被黜之後，能明辨義勇，而死得其所，誠屬難能，故君子美之。

陳侯如楚，公子黃愬二慶於楚，楚人召之。使慶樂往，殺之。慶氏以陳叛。夏，屈建從陳侯圍陳。陳人城，板隊而殺人。役人相命，各殺其長，遂殺慶虎、慶寅。楚人納公子黃。君子謂慶氏，不義不可肆也。故《書》曰：「惟命不于常。」（襄公二十三年）

陳之慶虎、慶寅，以疑猜之心誣公子黃，使其出奔，已屬悖禮，復因細故殺人，是其行事本無道義可言，故亦為人所殺，君子所引《尚書》之言，亦此義也。

甲午，宋大災，宋伯姬卒，待姆也。君子謂宋共姬女而不婦，女待人，婦義事也。（襄公三十年）

事緩從理，事急從權，此理之必然也。而權宜之際，亦不可悖理而行。若宋伯姬者，其守禮可謂嚴矣，特昧於權變，致遭焚死，君子論其行不無遺憾也。

第九節　論　信

據《春秋》經文所載，諸侯間盟會甚多，所謂「有事則會，不協則盟」〔註 19〕，各國或為黨同伐異，或為保障安全，或為協調利害，屢有盟會。然盟會雖多，真能踐履者少，揆其原因，則與盟者皆無誠意所以致之，此君子諄諄言之也。

鄭武公、莊公，為平王卿士，王貳于虢。鄭伯怨王，王曰：「無之。」故周鄭交質，王子狐為質於鄭，鄭公子忽為質於周。王崩，周人將畀虢公政。四月，鄭祭足帥師取溫之麥。秋，又取成周之禾，周鄭交惡。君子曰：「信不由中，質無益也。明恕而行，要之以禮，雖無有質，誰能間之？苟有明信，澗溪沼沚之毛，蘋蘩薀藻之菜，筐筥錡釜之器，潢污行潦之水，可薦於鬼神，可羞於王公。而況君子

───────────

〔註 19〕語見《左傳》，昭公三年子大叔語。

結二國之信，行之以禮，又焉用質？《風》有〈采蘩〉、〈采蘋〉，《雅》
有〈行葦〉、〈泂酌〉，昭忠信也。」（隱公三年）

公欲平宋、鄭。秋，公及宋公盟于句瀆之丘，宋成未可知也，故又
會于虛。冬，又會于龜，宋公辭平，故與鄭伯盟于武父，遂帥師而
伐宋，戰焉。宋無信也。君子曰：「苟信不繼，盟無益也。」《詩》
云：「君子屢盟，亂是用長，無信也。」（桓公十二年）

周為天子，鄭屬諸侯，本非敵體，然當周之末葉，王室陵夷，遂有交質之事。
彼此雖互為子質，仍未能以誠信相待，故終有鄭人取成周之禾，甚至兵戎相
見，射中王肩之事。又如魯、宋諸國，一年四會而無所成。凡此種種，皆因
不能以信待人所致也。

衛侯聞楚師敗，懼，出奔楚，遂適陳，使元咺奉叔武以受盟。癸亥，
王子虎盟諸侯于王庭，要言曰：「皆獎王室，無相害也。有渝此盟，
明神殛之。俾隊其師，無克祚國，及而玄孫，無有老幼。」君子謂
是盟也信，謂晉於是役也，能以德攻。（僖公二十八年）

夏，楚子伐宋，以其救蕭也。君子曰：「清丘之盟，唯宋可以免焉。」
（宣公十三年）

終春秋之世，盟而無信者多矣，若晉國踐土會盟後，能始終踐履，行之數世
而不匱者，洵為難能，故君子稱之。至於清丘之盟，以「恤病討貳」為約，
而與盟者晉、衛、曹人皆不能行之，惟宋不匱其誓，雖因此而致楚伐，然以
視晉、衛諸人，終可無愧於心也。

為宋災故，諸侯之大夫會，以謀歸宋財。冬，十月，叔孫豹會晉趙
武、齊公孫蠆、宋向戌、衛北宮佗、鄭罕虎、及小邾之大夫，會于
澶淵。既而無歸於宋，故不書其人。君子曰：「信其不可不慎乎！澶
淵之會卿不書，不信也夫。諸侯之上卿，會而不信，寵名皆弃，不
信之不可也如是。《詩》曰：『文王陟降，在帝左右』，信之謂也。又
曰：『淑慎爾止，無載爾偽』，不信之謂也。」（襄公三十年）

《春秋》以書不書寓褒貶，依君子之見，此處不書，譏其人無信也，蓋人而
無信，則奸詐之事無所不為，故《春秋》貶之，而君子復為之申論也。

第十節　論孝與仁

《左傳》之君子評論中，論孝論仁，各有一則，今合為一節，一併述之。

  ……。潁考叔爲潁谷封人，聞之，有獻於公。公賜之食。食舍肉，
公問之，對曰：「小人有母，皆嘗小人之食矣，未嘗君之羹，請以遺
之。」公曰：「爾有母遺，繄我獨無。」潁考叔曰：「敢問何謂也？」
公語之故，且告之悔。對曰：「君何患焉？若闕地及泉，隧而相見，
其誰曰不然。」公從之。公入而賦：「大隧之中，其樂也融融。」姜
出而賦：「大隧之外，其樂也洩洩。」遂爲母子如初。君子曰：「潁
考叔，純孝也。愛其母，施及莊公。《詩》曰：『孝子不匱，永錫爾
類』。其是之謂乎。」（隱公元年）

潁考叔之所以爲純孝，不僅在於能以孝事母，且能擴而充之，使鄭莊公母子
親愛如初。雖然後來論此事者，以爲其事出於僞詐，不足爲訓〔註20〕。然就
事論事，母子天性，實難泯滅，潁考叔周旋其間，終能使莊公母子重敍天倫，
示人以孝，不可謂一無是處也。

  初，景公欲更晏子之宅，曰：「子之宅近市，湫隘，囂塵，不可以居，
請更諸爽塏者。」辭曰：「君之先臣容焉，臣不足以嗣之，於臣侈矣。
且小人近市，朝夕得所求，小人之利也。敢煩里旅。」公笑曰：「子
近市，識貴賤乎？」對曰：「既利之，敢不識乎？」公曰：「何貴，
何賤？」於是景公繁於刑，有鬻踊者，故對曰：「踊貴屨賤。」既已
告於君，故與叔向語而稱之。景公爲是省於刑。君子曰：「仁人之言，
其利博哉，晏子一言而齊侯省刑。《詩》曰：『君子如祉，亂庶遄已』，
其是之謂乎！」（昭公三年）

仁者懷不忍人之心，故能視民如子而苦樂共之，無時不以與民之利，除民之
痛爲念。如齊之晏嬰，於言談之際，使國君省刑而民得安居，其舉措似不經
意，而有如斯之應，爲臣者當取於是，此君子所以論之者也。

第十一節 論自處之道

  夫趨善避禍。乃人情之常也。然於進退去就之際，其能操持篤定，深思
熟慮者，亦鮮矣。是以君子亦就此義有所評論。

  公之未昏於齊也，齊侯欲以文姜妻鄭大子忽。大子忽辭。人問其故，
大子曰：「人各有耦，齊大，非吾耦也。《詩》云：『自求多福』。在
我而已，大國何爲。」君子曰：「善自爲謀。」（桓公六年）

〔註20〕參見竹添光鴻，《左傳會箋》，卷一〈隱公元年箋〉。

齊國爲當時之大國，且鄭莊公子嗣甚多〔註21〕，設若大子忽允齊之所請，則可增奧援。然大子忽不此之圖，人皆惜之，獨君子與之者何哉？丈夫生於世，謀事立業，當以己力成之，君子之讚，讚其志氣也。雖然其後爲高渠彌所弒，未能成事。然觀其辭齊婚，識高伯，亦非庸君，足見君子所論不妄也。

人生在世，若能知所取法，以善爲師，以惡爲鑑，自我惕勵，當能日進於德。如蔡侯、子臧者，則可謂一誤再誤，無可挽回者也。

> 蔡哀侯爲莘故，繩息嬀以語楚子。楚子如息，以食入享，遂滅息，以息嬀歸，生堵敖及成王焉。未言，楚子問之，對曰：「吾一婦人，而事二夫，縱弗能死，其又奚言？」楚子以蔡侯滅息，遂伐蔡。秋七月，楚入蔡。君子曰：「〈商書〉所謂『惡之易也，如火之燎于原，不可鄉邇，其猶可撲滅者。』其如蔡哀侯乎！」（莊公十四年）〔註22〕
> 鄭子華之弟子臧出奔宋，好聚鷸冠。鄭伯聞而惡之，使盜誘之。八月，盜殺之于陳宋之閒。君子曰：「服之不衷，身之災也。《詩》曰：『彼己之子，不稱其服。』子臧之服不稱也夫。《詩》曰：『自詒伊慼。』其子臧之謂矣。〈夏書〉曰：『地平天成』，稱也。」（僖公二十四年）

蔡哀侯以不禮息嬀，致遭楚伐，猶不能自省其過，復圖報怨，終再爲楚伐，是自取其辱也。若鄭之子臧，既因得罪而出奔，又不能引以爲戒，深自韜晦，反招搖好奇，則其被殺，亦咎由自取耳。

過而不省，以此取辱，固爲君子所譏。然唯利是視，昧於大義者，尤爲君子所深責者。

> 鄭伯治與於雍糾之亂者，九月，殺公子閼，刖強鉏。……。君子謂「強鉏不能衛其足。」（莊公十六年）〔註23〕
> 是役也（謂晉楚邲之役），鄭石制實入楚師，將以分鄭，而立公子魚

〔註21〕按《左傳》，桓公十一年傳云：「鄭昭公之敗北戎也，齊人將妻之，昭公辭。祭仲曰：必取之。君多內寵，子無大援，將不立。三公子皆君也。弗從。」

〔註22〕所謂「蔡哀侯爲莘故」者，事在莊公十年，《傳》云：「蔡哀侯娶於陳，息侯亦娶焉。息嬀將歸，過蔡。蔡侯曰：吾姨也。止而見之，弗賓。息侯聞之，怒。使謂楚文王曰：伐我，吾求救於蔡而伐之。楚子從之。秋九月，楚敗蔡師于莘，以蔡侯獻舞歸。」

〔註23〕君子此言係謂強鉏不能審明時勢，盡忠國家，故不能遠禍全軀也。而日人竹添光鴻《左傳會箋》則自鉏字解之，其言曰：「鉏，田器也，蓋鉏之柄曰足，後傳弱足者居，是足以強弱言之，故立辭如此，不然君子之語無味。」其亦言之成理也。

臣。辛未，鄭殺僕叔及子服。君子曰：「史佚所謂『毋怙亂』者，謂
是類也。《詩》曰：『亂離瘼矣，爰其適歸』，歸於怙亂者也夫。」（宣
公十二年）

秋，赤狄伐晉，及清。先縠召之也。冬，晉人討邲之敗與清之師，
歸罪於先縠而殺之，盡滅其族。君子曰：「惡之來也，己則取之，其
先縠之謂乎！」（宣公十三年）

強鉏爲鄭臣，不知盡忠屬公，反黨於權臣祭仲，欲行篡逆，致罹刖刑，故君
子譏其不能衛其足也。至於石制，則爲惡更甚矣，欲乘鄭國危難之時，從中
取利，誠所謂利欲薰心者也，實爲取死之道。而晉之先縠，其於邲之役中，
已干軍令，不能善爲補過，反召赤狄來伐，以遂己私，則其身死族滅，亦自
召耳。諸人致罪之由，足爲後人戒鑑，故君子一一詳論之也。

第十二節　結　語

　　由前段之分類敘述，吾人可知《左傳》中君子之評論所涉範圍之廣，用
心之深。然自下列數點言之，更可知君子論評之觀點與《左傳》實無二致，
茲分述之。

　　自外在形式言之，《左傳》之記事方式爲有事有評，事則具錄首尾，評則
或作者自爲，或引述時賢之論，在傳中隨處可見。而君子之評論亦復如此，
先記事件始末，而後附以君子之論。吾人尤可注意者，爲傳中舉凡以君子評
論形式出現者，即不再有他人之論。無論此爲巧合，抑是出於有意之安排，
概可想見「君子曰」之文與《左傳》乃渾然一體，非後人所能添易也。此其
一。次就評論方式而言，《左傳》每有以預言方式論之者，而君子評事亦不乏
此例，故其論事方式亦有相同之處。此其二。再次就引經而言，《左傳》好引
《詩》、《書》，已是人所共知之特色，而君子之論事亦復同之。八十五則「君
子曰」中，引《詩》者計三十六則，引《書》者計九則，志二則，史佚及周
任之言各一則。此一特點亦與《左傳》相合。此其三。再次就君子評事之作
用言，《左傳》爲解經之作，人所共喻，而君子評論亦有專就解經而發者。雖
然依本章所述，「君子曰」，屬解經者僅三則，但此係就狹義而言，依傳隸樸
先生之說，則尚有四則亦屬解經〔註24〕，是「君子曰」亦有解經之意。此其

〔註24〕傅隸樸先生以爲如宣十三年君子論清丘之盟；宣四年君子論鄭公子歸生弑其

四。再次就論禮而言，《左傳》善乎禮，素爲學者所知，傳中論禮、非禮、失禮處亦甚多；而依本章所論，君子評論中有關禮者計十七則，數量爲各類之冠，可知《左傳》與君子評事皆以禮裁之，並無不同也。此其五。

自內在意義而言，則君子論事之內容頗有與《左傳》其他記載相合者，茲舉數例以言之。

君子論爲政當善戒而備不虞，此義亦見於傳中臧文仲、季文子之言。

> 臧文仲曰：「國無小，不可易也。無備雖眾，不可恃也。……。先王之明德，猶無不難也；無不懼也。」（僖公二十二年）

> 季文子曰：「備豫不虞，古之善教也。」（文公六年）

君子嘗論交鄰國當循道量力，此義亦見於傳載之秦濟晉饑、宋楚爭盟二事。

> 冬，晉荐饑，使乞糴于秦。秦伯謂子桑「與諸乎？」……。謂百里「與諸乎？」對曰：「天災流行，國家代有，救災恤鄰，道也，行道有福。」（僖公十三年）

> 春，宋人爲鹿上之盟，以求諸侯於楚，楚人許之。公子目夷曰：「小國爭盟，禍也。宋其亡乎！幸而後敗。」（僖公二十一年）

是皆示人交鄰國當循道量力而行也。

君子論爲君之道則主修德持正，此義亦見於傳載司馬子魚之言。

> 子魚言於宋公曰：「……。今君德無乃猶有所闕，而以伐人，若之何？盍姑內省德乎？無闕而後動。」（僖公十九年）

是皆以修德爲人君之所急也。

君子又曾論爲政當以民爲本，此義亦見於傳載臧孫達之言。

> 秋，宋大水。公使弔焉。……。對曰：「孤實不敬，天降之災，又以爲君憂，拜命之辱。」……。臧孫達曰：「是宜爲君，有恤民之心。」
> （莊公十一年）

是知爲政以民爲本當爲賢君之共識也。

君子曾以莒恃陋爲罪之大者，《左傳》則以能備爲賢。

> 城西郭，城武城。穆叔歸曰：「齊猶未也，不可以不懼。」乃城武城。
> （襄公十九年）

二者所記雖一正一反，義實相通也。

君：襄五年君子論季文子忠於公室；襄二十三年君子論慶氏不義，皆涵解釋經義之意。參見傅隸樸先生撰《春秋三傳比義》。

　　君子以吳乘喪伐楚爲不弔，《左傳》亦同之。

　　　　晉士匄侵齊，及穀，聞喪而還，禮也。（襄公十九年）

是皆以不乘喪伐人爲有禮也。

　　君子曾論邾黑肱賤而書名之故爲重地，《左傳》亦同之。

　　　　邾庶其以漆、閭丘來奔。……。庶其非卿也，以地來，雖賤，必書，

　　　　重地也。（襄公二十一年）

由二者之記載可知其意相同也。

　　君子曾論季文子爲忠，《左傳》另載晉國范文子之言亦同之。

　　　　范文子謂欒武子曰：「季孫於魯，相二君矣，妾不衣帛，馬不食粟，

　　　　可不謂忠乎！」（成公十六年）

是知季文子之忠於公室也，固爲春秋時人所共知公認之事。

　　吾人由前舉諸例可知，《左傳》之「君子曰」無論就外在形式而言，或就
內在意義而言，與《左傳》相合相通之處甚多，則「君子曰」與《左傳》本
爲一體，殆無疑義矣。

第四章　「君子曰」之立場與精神

　　《左傳》「君子曰」爲後世史論之濫觴，此義首見於唐人劉知幾之《史通》。其言曰：

> 《春秋左氏傳》，每有發論，假君子以稱之。三傳云公羊子、穀梁子；《史記》云太史公，既而班固曰贊；荀悅曰論；東觀曰序；謝承曰詮；陳壽曰評；王隱曰議；何法盛曰述；揚雄曰譔；劉昞曰奏；袁宏、裴子野自顯姓名；皇甫謐、葛洪列其所號。史官所撰，通稱史臣，其名萬殊，其義一揆，必取便於時者，則總歸論贊焉。夫論者，所以辨疑惑，釋凝滯，若愚智共了，固無俟商榷，丘明「君子曰」者，其義實在於斯。〔註1〕

至民國梁任公於《中國歷史研究法》第二章云：

> 近代著錄家，多別立史評一門。史評有二：一批評史蹟者，二批評史書者。批評史蹟者，對於歷史上所發生之事項，而加以評論，蓋《左傳》、《史記》已發其端，後此各正史及通鑑皆因之。

近人楊明照復申其義曰：

> 前哲撰述，必有臧否。每於簡末，轉稱先賢。或借其贊辭以見志，或假厥箴言以寄諷。蓋原始要終，彰善癉惡，將綜彼實狀，以明至意所歸，非託諸空言，而蹈自我作故也。《春秋左氏傳》之有「君子曰」者，以此。彼其造語淵懿，含意精眇。蓋馬班論贊所出，非流俗平議可比。聖人羽翮，人知之矣。〔註2〕

然以「君子曰」與後來之贊、論、序、銓相較，其形式或無甚差異，至其內

〔註 1〕見唐劉知所撰之《史通·內篇》，卷四〈論贊第九〉。
〔註 2〕見楊明照所撰之《春秋左氏傳君子曰徵辭》。

蘊則顯有不同。蓋史論之作，誠如《四庫提要》所云：

> 《春秋》筆削，議而不辨，其後三傳異詞，《史記》亦自爲序贊，以
> 著本旨，而先黃老，後六經，退處士，進奸雄；班固復異辭焉，此
> 史論所以繁也。其中考辨史體，如劉知幾、倪思諸書，非博覽精思，
> 不能成帙，故作者差稀。至於品隲舊聞，抨彈往迹，則纘緝史略，
> 即可成文，此是彼非，互滋簧鼓，故其書動至汗牛。又文士立言，
> 務求相勝，或至鑿空生義，僻謬不情。……。〔註3〕

其性質近乎個人心得之發抒，而其評論尤似蓋棺論定之評論。然「君子曰」
則不若是，觀其評人評事，其間頗有異於史論者。且「君子曰」之來源固非
一端，既經作者去取，而爲《左傳》之體例之一，則必有深意寓焉。然則君
子評論之立場，及其所涵之意義，皆應深入探討，斯則本章之旨也。茲以論
其經學立場始。

第一節　「君子曰」之經學立場

由前章之分類整理，吾人或可將君子評人論事之立場歸納爲獎善黜惡、
求全責備二端。以下即分述之。

一、獎善黜惡

夫褒善貶惡，乃理之必然，固無庸贅言，今所欲論者，厥爲君子於其評
論中隨機呈現之與人爲善之用心。如君子曾三次論鄭莊公，或稱其不貪宋地；
或美其存許之祀爲有禮；或貶其詛射穎考叔者爲失政刑。如君子曾三次論秦
穆公，或美其用人不疑；合爲君之道；或美其知所戒懼；或責其以賢爲殉，
失爲君之道。如君子亦嘗四次論季文子，或善其心懷戒懼；或譏其非禮、無
禮；或稱其忠於公室。其評論對象相同，然或褒或貶。以後儒視之，此誠大
惑不解者，是以眾說紛紜〔註4〕。然吾人以爲，人物雖同，而褒貶不一者，誠
無他故，乃君子就事論事，不沒人善也。試以鄭莊公爲例，其克段也，固失
友于之道，而其謀略布置，尤見其爲人之深沈；然不能執此一端即遽下斷言，

〔註3〕見《四庫全書總目提要・史部》，〈史評類小序〉。
〔註4〕如韓菼以爲「其言多淺陋，不能折之以正大之理。」見所著《左傳句解》「鄭
　　　伯克段于鄢」條。韓席籌則以爲「左氏孝之褒嘉，錫類之詠歎，豈眞贊美之
　　　哉；乃正言若反者也。」見所著《左傳分國集注》「鄭共叔段之亂」條。

謂其以後之種種言行皆出於詐偽。觀其闞地認母及存許之言，可謂善性未泯，而其舉措亦無失禮之處，則君子之褒揚亦順理成章之事也。且人非聖賢，誰能無過？所謂「過而不改，是謂過矣！」〔註5〕必以無過爲善，則苛甚矣。君子論秦穆公、季文子亦然。若秦穆公任用孟明，始終不疑，且能以他國滅亡爲殷鑑而深自惕勵，亦可謂賢君矣。然當其捐館之際，乃以國之賢才爲殉，則實愧乎賢明之稱。而君子固未嘗因此而沒其前善也。再如君子之論季文子，蓋季文子亦非一無是處，特其於齊姜，定姒之喪處置失措也，是以君子責之。而其身後，君子猶許之以忠者，以其相三君而無私積爲難能，故表而稱之。凡此皆可見君子之評人論事，心中並無成見，就事論事，見善則褒。見不善則貶，而其言尤切近於人情也。

夫君子汲汲於勉人爲善之意，亦可由其論宋宣公、鄭世子忽、晉欒書、鄭公孫段數人而知。此數人也，或志意可嘉，而言行未能相應，或其人本非有德君子，僅一言一行有可道者。然君子所以稱之者，實因其言行有堪爲人取法者，故不吝稱揚。是知君子之評論也，非僅欲論其人事得失之所以然，且欲由是而勉人向善，故其所論者或難免並陳，然取其瑜而去其瑕，亦可知君子之用心矣。

二、求全責備

君子之評人論事也，雖本與人爲善之心，著意於勉人向善，然其評論方法，亦能把握分寸，恰如其分；於勉人向善外，復秉求全責備之意，示人以行道之難也。如君子所論之衛公子洩、公子職、晉荀息、宋共姬，此數人之行亦可謂難能，而君子或責其不度；或責其行不踐言；或責其不能隨時權變，似皆不無微辭者，何哉？蓋此數人皆有行義盡忠之心，而其識見不明，爲德不卒，故不能免於議也。而以之與前述宋宣公、鄭太子忽等人相較，亦有不同，是以褒貶不同。以宋宣公、鄭太子忽而論，其事雖未成，然其間因素甚多，頗有非己力所能左右者。公子洩等諸人則不然。如衛之二公子，其所謀者關乎國家安危，故當其立黔牟之際，尤宜衡情度勢，必計出萬全，而後行之；若立而不固，反致君亡身死，於國何益？再如荀息爲獻公所信任，於是有託孤之舉，而荀息既未能進以忠言，復不能護主拒賊，徒以一死謝獻公，視其言不能無愧。再如宋之共姬，雖能以禮自守，然昧於大義，由君子視之，

〔註5〕見《論語・衛靈公》。

亦未爲盡也。是數人之行也，非因外在之限制，實爲其自身未能通曉事理有以致之，前後相較，豈能一視同仁？

　　吾人由此可知，君子之評人論事，實基於勉人向善之一念而發，故其人之行有絲毫足爲借鏡者，即不憚辭費而爲之揄揚；然君子亦強調，行道盡義當以積極進取爲尙，而非以硜然自守爲足。蓋以爲德不卒，其害猶愈於悖德之行也。由是而言之，君子之用心亦已深矣。

第二節　「君子曰」之意義

　　吾人由前述「君子曰」之立場分析可知，「君子曰」之意義顯有別於後世之史論。質言之，吾人以爲「君子曰」可謂以史論之形式涵經學之意義，亦即君子所以評人論事，其目的在於提示吾人安身立命之常道。

　　原夫君子之意，人之生也，其所置身者，固爲一有限命定，非己力所能左右之客觀環境，然而相對於此，則另有一內在無限之主觀精神境界；而前者爲末，後者爲本。人生於世，自應體認本末之別，由本及末，如此則人之存在方有其尊嚴。然而常人每捨本逐末，遂爲物質生命所拘牽，積漸日久，陷溺越深，故其臨於事也，或徬徨猶疑，或畏縮怯懦，或魯莽僨事，或利令智昏，其癥結皆在於不能體悟生命之意義。蓋生命之意義，不應僅限於外在需求之滿足無缺，尤當致力於內在德性之培養修持，此因人之可貴，即在於其能自主自發，役物而不役於物，道德之修養與實踐，其目的即爲成全此一莊嚴意義。一旦修養有得，操持篤定，則無論外在如何變化，皆能知所應爲，從而不憂不懼，從容應之。必如是，吾人方能卓然挺立於世，而爲獨立自主之個體，否則隨波浮沉，渾噩一生，亦無足貴矣。

　　由此可知，《左傳》之「君子曰」實爲奠基於道德意識所爲之批判反省，而非單純之史實檢討。故其論事也，以獎善黜惡之方式勉人向善，以求全責備之態度示人以爲善之極致。此乃《左傳》「君子曰」所著意用力之處，而其所以異於後世史論者亦在於是。

　　準此而論，後儒所謂左氏不傳《春秋》之說，則非持平之論矣。夫孔子著《春秋》，如孟子所云：

　　　　孔子成《春秋》而亂臣賊子懼。〔註6〕

〔註6〕見《孟子・滕文公下》。

是《春秋》本有褒貶之義，此固無疑。然不可謂《春秋》之義僅此而已。如太史公〈孔子世家〉云：

> 子曰：「君子病沒世而名不稱焉。吾道不行矣，吾何以自見於後世哉？
> 乃因《史記》作《春秋》。……。約其文辭而指博。」

而《史記・十二諸侯年表序》又云：

> 約其辭文，去其煩重，以制義法。王道備，人事浹。七十子之徒，
> 口授其傳指；爲有所刺譏褒諱挹損之文辭，不可以書見也。

是知《春秋》之旨，褒善貶惡特其一端耳，易言之，《春秋》所涵之意義，除褒貶之警惕作用外，亦有其教育、示範作用，使後世之人不獨可據以明善惡是非，且能由是而知修道行仁之途，孔子之用心，或在於是也。然而《春秋》之義深廣精微，雖聖門高弟亦莫能全然心神領會，誠如史遷所云：

> 魯君子左丘明，懼弟子人人異端，各安其意，失其眞；故因孔子《史
> 記》，具論其語，成《左氏春秋》。〔註7〕

《左傳》撰述之緣起，實在於斯。而丘明所謂傳其「眞」者，或即上述之數端也。又傳中引述時人之言論甚多，或即所謂「具論其語」，而其中二十八則「仲尼曰」，八十五則「君子曰」，尤具特殊意義。蓋《左傳》爲解經之作，引述孔子之語以爲釋經佐證，益將洞見聖人用心，惟因其爲數不多，故丘明復創爲體例，名之爲「君子曰」，或自爲議論，或引述他人之論，以明聖人之意，而其所論著重於啓發後人之道德意識，是以與習見之解經方式有異，然聖人之微言大義，固由是而得彰明也。

第三節　與「仲尼曰」比較

《左傳》以史傳經，有事有評，其敘述評論之方式則有三種：其一係藉君子發論，即前述之「君子曰」、「君子謂」者；其二則爲引述孔子之言，如傳中所謂「仲尼曰」、「孔子曰」等均是；其三則博采時人之言論，隨事附入。吾人若詳察傳文，可發現此三種方法並非漫無章法，隨意安置，乃錯綜互用，然鮮有一事之評，將三種方式重行疊用者。此一情形或爲作者有意之安排，合此三者以爲《左傳》解經論理之條例。而三者之中，「君子曰」與「仲尼曰」之意義尤其特殊，蓋前者代表作者之意見，後者則爲直接引自聖人之言，欲

〔註7〕見《史記・十二諸侯年表序》。

瞭解《左傳》之內在義蘊，與夫孔子論事之立場，捨此之外，別無直捷如是者；而以「君子曰」與「仲尼曰」兩相參較，於經傳之關係，或亦能有所澄清也。故本節先將《左傳》引自孔子之言論，作一綜合說明，而後再與「君子曰」相比較，以見其異同焉。

《左傳》引述孔子之言者，共計二十八則，而以「仲尼曰」冠於句首，引起下文者最多，計有十三則；其他或以「仲尼……曰」；或以「仲尼謂」；或以「孔子曰」；或以「仲尼聞之曰」；或以「仲尼……以為」，各一二則，為行文方便，概以「仲尼曰」稱之，至於其論事之內容，則依本文第三章之分類，順序敘述於後。

一、解　經

冬，會于溫，討不服也。……。是會也，晉侯召王，以諸侯見，且使王狩。仲尼曰：「以臣召君，不可以訓。故《書》曰：『天王狩于河陽』，言非其地也，且明德也。」（僖公二十八年）

晉靈公不君，……。宣子驟諫，公患之，……。乙丑，趙穿攻靈公於桃園。宣子未出山而復。大史書曰：「趙盾弒其君。」以示於朝。宣子曰：「不然」。對曰：「子為正卿，亡不越竟，反不討賊，非子而誰？」宣子曰：「烏呼！『我之懷矣，自詒伊慼。』其我之謂矣。」孔子曰：「董狐，古之良史也，書法不隱。趙宣子，古之良大夫也，為法受惡，惜也，越竟乃免。」（宣公二年）

此二則均為解釋經文，前者釋經書「天王狩于河陽」之故，係為天子諱；後者釋經書「晉趙盾弒其君夷皋」之故，乃就趙盾之權責而論，是以雖未曾有弒君之實，仍書其名，此猶君子論鄭之公子歸生也。

二、預　言

秋，晉韓宣子卒，魏獻子為政，分祁氏之田，以為七縣；分羊舌氏之田，以為三縣。司馬彌牟為鄔大夫，賈辛為祁大夫，司馬烏為平陵大夫，魏戊為梗陽大夫，知徐吾為塗水大夫，韓固為馬首大夫，孟丙為盂大夫，樂霄為銅鞮大夫，趙朝為平陽大夫，僚安為楊氏大夫。謂賈辛、司馬烏為有力於王室，故舉之。謂知徐吾、趙朝、韓固、魏戊、餘子之不失職，能守業者也。其四人者，皆受縣而後見於魏子，以賢舉也。魏子謂成鱄：「吾與戊也縣，人其以我為黨乎？」

對曰：「何也，戊之為人也，遠不忘君，近不偪同，居利思義，在約
思純，有守心而無淫行，雖與之縣，不亦可乎！昔武王克商，光有
天下，其兄弟之國者十有五人，姬姓之國者四十人，皆舉親也。夫
舉無他，唯善所在，親疏一也。……」賈辛將適其縣，見於魏子。
魏子曰：「辛來，昔叔向適鄭，鬷蔑惡，欲觀叔向，從使之收器者，
而往，立於堂下，一言而善。叔向將飲酒，聞之，曰：『必鬷明也。』
下執其手以上，曰：『昔賈大夫惡，娶妻而美，三年不言不笑，御以
如皋，射雉，獲之，其妻始笑而言。賈大夫曰：「才之不可以已。我
不能射，女遂不言不笑夫。」今子少不颺，子若無言，吾幾失子矣。
言之不可以已也如是』，遂如故知。今女有力於王室，吾是以舉女，
行乎，敬之哉，毋墮乃力。」仲尼聞魏子之舉也，以為義，曰：「近
不失親，遠不失舉，可謂義矣。」又聞其命賈辛也，以為忠，《詩》
曰：『永言配命，自求多福』，忠也。魏子之舉也義，其命也忠，其
長有後於晉國乎？」（昭公二十八年）

冬，晉趙鞅、荀寅帥師城汝濱，遂賦晉國一鼓鐵，以鑄刑鼎，著范
宣子所為刑書焉。仲尼曰：「晉其亡乎！失其度矣，夫晉國將守唐叔
之所受法度，以經緯其民，卿大夫以序守之，民是以能尊其貴，貴
是以能守其業，貴賤不愆，所謂度也。文公是以作執秩之官，為被
廬之法，以為盟主。今弃是度也，而為刑鼎，民在鼎矣，何以尊貴，
貴何業之守，貴賤無序，何以為國？且夫宣子之刑，夷之蒐也，晉
國之亂制也，若之何以為法。」（昭公二十九年）

夫魏舒之舉魏戊也，以其賢而不以其親，故人不以其為黨，此猶祁奚之舉祁
午也；而其命賈辛也，亦以進賢為國相期，其謀國之誠油然可見，此所以孔
子預言其能長有後於晉國也。其次，則為孔子據晉國鑄刑鼎以論其政不能長
久，蓋「道之以政，齊之以刑，民免而無恥。」〔註8〕孔子固已論之。人民徒
知免於刑罰而不誠禮義，則欲國家長治久安亦難矣。

夏，陽虎歸寶玉大弓，……六月，伐陽關，陽虎使焚萊門，師驚，
犯之而出。奔齊，請師以伐魯，曰：「三加必取之。」齊侯將許之，
鮑文子諫曰：「臣嘗為隸於施氏矣，魯未可取也，上下猶和，眾庶猶
睦，能事大國，而無天菑，若之何取之？陽虎欲勤齊師也，齊師罷，

〔註8〕見《論語・為政》。

大臣必多死亡，己於是乎奮其詐謀。夫陽虎有寵於季氏，而將殺季孫，以不利魯國，而求容焉，親富不親仁，君焉用之？君富於季氏，而大於魯國，茲陽虎所欲傾覆也，魯免其疾，而君又收之，無乃害乎？」齊侯執陽虎，將東之，陽虎願東，乃囚諸西鄙。盡借邑人之車，鍥其軸，麻約而歸之，載蔥靈，寢於其中而逃，追而得之，囚於齊，又以蔥靈逃，奔宋，遂奔晉，適趙氏。仲尼曰：「趙氏其世有亂乎？」（定公九年）

此孔子因晉趙氏納魯之叛臣陽虎乃不智之舉，故預言其世有亂也。

三、爲君者當修德持正

是歲也，有雲如眾赤鳥，夾日以飛三日。楚子使問諸周大史。周大史曰：「其當王身乎，若禜之，可移於令尹司馬。」王曰：「除腹心之疾，而寘諸股肱，何益，不穀不有大過，天其夭諸，有罪受罰，又焉移之。」遂弗禜。初，昭王有疾，卜曰：「河爲祟」，王弗祭，大夫請祭諸郊，王曰：「三代命祀，祭不越望，江、漢、雎、漳，楚之望也。禍福之至，不是過也。不穀雖不德，河非所獲罪也。」遂弗祭。孔子曰：「楚昭王知大道矣，其不失國也宜哉。〈夏書〉曰：『惟彼陶唐，帥彼天常，有此冀方，今失其行，亂其紀綱，乃滅而亡。』又曰：『允出茲在茲。』由己率常可矣。」（哀公六年）

楚昭王深明爲君者當以修德爲急務，而非專事鬼神，故孔子稱其知大道也。由此亦知鄭莊公失政刑之故矣。

四、爲臣者當慎謀能斷

七月，丙寅；治兵於邾南，甲車四千乘，羊舌鮒攝司馬，遂合諸侯于平丘。子產、子大叔、相鄭伯以會，子產以幄幕九張行，子大叔以四十，既而悔之，每舍損焉，及會，亦如之。……。甲戌，同盟于平丘，齊服也。令諸侯日中造于除。癸酉，退朝，子產命外僕速張於除，子大叔止之，使待明日。及夕，子產聞其未張也，使速往，乃無所張矣。及盟，子產爭承，曰：「昔天子班貢，輕重以列，列尊貴重，周之制也。卑而貢重者，甸服也。鄭，伯男也，而使從公侯之貢，懼弗給也，敢以爲請。諸侯靖兵，好以爲事，行理之命，無月不至，貢之無藝，小國有闕，所以得罪也。諸侯脩盟，存小國也，

貢獻無極，亡可待也。存亡之制，將在今矣。」自日中以爭，至于昏，晉人許之。既盟，子大叔咎之曰：「諸侯若討，其可瀆乎？」子產曰：「晉政多門，貳偷之不暇，何暇討？國不競亦陵，何國之為？」……仲尼謂子產於是行也，足以為國基矣。《詩》曰：「樂旨君子，邦家之基。」子產，君子之求樂者也。且曰：「合諸侯，藝貢事，禮也。」（昭公十三年）

此乃孔子贊美子產能折衝樽俎，不卑不亢，鄭國賴此以定也。而子產所以能不辱使命，在於其能盡悉晉國之虛實，由是而謀定以動，故可無往不利也。

五、論為政之道

新築人仲叔于奚救孫桓子，桓子是以免。既，衛人賞之以邑，辭，請曲縣繁纓以朝，許之。仲尼聞之曰：「惜也，不如多與之邑。唯器與名，不可以假人，君之所司也。名以出信，信以守器，器以藏禮，禮以行義，義以生利，利以平民，政之大節也。若以假人，與人政也，政亡，則國家從之，弗可止也。」（成公二年）

鄭人游于鄉校，以論執政。然明謂子產曰：「毀鄉校如何？」子產曰：「何為？夫人朝夕退而游焉，以議執政之善否，其所善者，吾則行之，其所惡者，吾則改之，是吾師也，若之何毀之。我聞忠善以損怨，不聞作威以防怨，豈不遽止。然猶防川，大決所犯，傷人必多，吾不克救也。不如小決使道，不如吾聞而藥之也。」然明曰：「蔑也，今而後，知吾子之信可事也。小人實不才，若果行此，其鄭國實賴之，豈唯二三臣。」仲尼聞是語也，曰：「以是觀之，人謂子產不仁，吾不信也。」（襄公三十一年）

鄭子產有疾，謂子大叔曰：「我死，子必為政。唯有德者，能以寬服民，其次莫如猛。夫火烈，民望而畏之，故鮮死焉。水懦弱，民狎而翫之，則多死焉，故寬難。」疾數月而卒。大叔為政，不忍猛而寬。鄭國多盜，取人於萑苻之澤。大叔悔之曰：「吾早從夫子，不及此。」興徒兵以攻萑苻之盜，盡殺之，盜少止。仲尼曰：「善哉！政寬則民慢，慢則糾之以猛。猛則民殘，殘則施之以寬，寬以濟猛，猛以濟寬，政是以和。《詩》曰：『民亦勞止，汔可小康，惠此中國，以綏四方』，施之以寬也。『毋從詭隨，以謹無良；式遏寇虐，慘不畏明』，糾之以猛也。『柔遠能邇，以定我王』，平之以和也。又曰：

> 『不競不絿，不剛不柔，布政優優，百祿是遒』，和之至也。」（昭
> 公二十年）

此三則所論均屬為政之道，孔子以為政之大節，在於守禮行義，而其在外之表徵則為器、名二者，故不可輕易與人。此外為政之道應寬猛相濟，不可偏執一端，如是方能民生樂利。又為政首應以民為本，故子產聽民之議論而改其不善者，孔子許之以仁也。

> 昭子即位，朝其家眾，曰：「豎牛禍叔孫氏，使亂大從，殺適立庶，
> 又披其邑，將以赦罪，罪莫大焉，必速殺之。」豎牛懼，奔齊，孟、
> 仲之子，殺諸塞關之外，投其首於寧風之棘上。仲尼曰：「叔孫昭子
> 之不勞，不可能也。周任有言曰：『為政者不賞私勞，不罰私怨。』
> 《詩》云：『有覺德行，四國順之。』」（昭公五年）

叔孫昭子之即位也，全賴豎牛之力，然豎牛之行，實為叔孫氏之罪人，昭子能明辨是非，不因私怨而忘家仇，叔孫氏終因是而轉危為安，故孔子稱之也。

六、論　禮

> 夏，五月，辛卯，司鐸火，火踰公宮，桓、僖災。救火者皆曰：「顧
> 府。」南宮敬叔至，命周人出御書，俟於宮曰：「庀女而不在，
> 死。」……。孔子在陳，聞火，曰：「其桓、僖乎？」（哀公三年）

按《禮記・王制》云：

> 諸侯五廟，二昭二穆，與大祖之廟而五。

則桓、僖之廟亦應毀矣，當毀而弗毀，於禮不合，故孔子料其將為火所焚也。由此亦可見孔子疾非禮之心切也。

> 公叔務人見保者而泣，曰：「事充，政重，上不能謀，士不能死，何
> 以治民？吾既言之矣，敢不勉乎？」……。公為與其嬖僮汪錡乘，
> 皆死，皆殯。孔子曰：「能執干戈以衛社稷，可無殤也。」（哀公十
> 三年）

汪錡未成年，本應殤而不應殯，然其行已似成年之人，故以成人之禮待之，亦不為過。由此可見，孔子論禮，亦非拘執不變也。

七、論義與仁

> 晉邢侯與雍子爭鄐田，久而無成。士景伯如楚，叔魚攝理。韓宣子

命斷舊獄，罪在雍子。雍子納其女於叔魚，叔魚蔽罪邢侯。邢侯怒，殺叔魚與雍子於朝。宣子問其罪於叔向。叔向曰：「三人同罪，施生戮死可也。雍子自知其罪，而賂以買直；鮒也鬻獄，邢侯專殺，其罪一也。己惡而掠美為昏，貪以敗官為墨，殺人不忌為賊。〈夏書〉曰：『昏、墨、賊，殺』，皋陶之刑也，請從之。」乃施邢侯，而尸雍子與叔魚於市。仲尼曰：「叔向，古之遺直也。治國制刑，不隱於親；三數叔魚之惡，不為末減；曰義也夫，可謂直矣！平丘之會，數其賄也，以寬衛國，晉不為暴。歸魯季孫，稱其詐也，以寬魯國，晉不為虐。邢侯之獄，言其貪也，以正刑書，晉不為頗。三言而除三惡，加三利。殺親益榮，猶義也夫！」（昭公十四年）

初，齊豹見宗魯於公孟，為驂乘焉。將作亂，而謂之曰：「公孟之不善，子所知也，勿與乘，吾將殺之。」對曰：「吾由子事公孟，子假吾名焉，故不吾遠也。雖其不善，吾亦知之，抑以利故，不能去，是吾過也。今聞難而逃，是僭子也。子行事乎，吾將死之，以周事子，而歸死於公孟，其可也。」丙辰，衛侯在平壽。公孟有事於蓋獲之門外，齊子氏帷於門外，而伏甲焉。使祝鼃寘戈於車薪，以當門。使一乘從公孟以出，使華齊御公孟，宗魯驂乘，及閎中，齊氏用戈擊公孟，宗魯以背蔽之，斷肱，以中公孟之肩。皆殺之。……。琴張聞宗魯死，將往弔之，仲尼曰：「齊豹之盜，而孟縶之賊，女何弔焉。君子不食姦，不受亂，不為利疚於回，不以回待人，不蓋不義，不犯非禮。」（昭公二十年）

及子產卒，仲尼聞之，出涕曰：「古之遺愛也。」（昭公二十年）

夫叔向行事，一準於義，故能不庇其親，且能明辨是非，故孔子稱其為「古之遺直也」。而衛之宗魯，不思定亂止禍，反陷齊豹於不義，陷公孟於死，終以成己之名，誠不義之甚也。然人或未能明其非，是非孔子特詳為析解也。至於子產之善政，已見前述，其能秉仁心為政，故孔子稱其為「古之遺愛」，而深弔其亡焉。

冉有用矛於齊師，故能入其軍，孔子曰：「義也。」（哀公十一年）

冉有為國忘身，奮勇殺敵，亦分所當為，故孔子稱其合義也。

八、論自處之道

陳靈公與孔寧、儀行父，通於夏姬，皆衷其衵服以戲于朝。洩冶諫

曰：「公卿宣淫，民無效焉，且聞不令。君其納之。」公曰：「吾能改矣。」公告二子，二子請殺之，公弗禁，遂殺洩冶。孔子曰：「《詩》云：『民之多辟，無自立辟。』其洩冶之謂乎？」（宣公九年）

楚子狩于州來，次于潁尾，使蕩侯、潘子、司馬督、囂尹午、陵尹喜，帥師圍徐，以懼吳。楚子次于乾谿，以為之援。雨雪，王皮冠，秦復陶，翠被，豹舄，執鞭以出，僕析父從。右尹子革夕，王見之，去冠被，舍鞭，與之語曰：「昔我先王熊繹，與呂伋、王孫牟、燮父、禽父，竝事康王，四國皆有分，我獨無有。今吾使人於周，求鼎以為分，王其與我乎？」對曰：「與君王哉。……。」王曰：「昔我皇祖伯父昆吾，舊許是宅。今鄭人貪賴其田，而不我與，我若求之，其與我乎？」對曰：「與君王哉，周不愛鼎，鄭敢愛田？」王曰：「昔諸侯遠我而畏晉，今我大城陳蔡不羹，賦皆千乘，子與有勞焉，諸侯其畏我乎？」對曰：「畏君王哉，……。」左史倚相趨過，王曰：「是良史也，子善視之，是能讀《三墳》、《五典》、《八索》、《九丘》。」對曰：「臣嘗問焉，昔穆王欲肆其心，周行天下，將皆必有車轍馬跡焉，祭公謀父作祈招之詩，以止王心，王是以獲沒於祗宮。臣問其詩，而不知也。若問遠焉，其焉能知之？」王曰：「子能乎？」對曰：「能。其詩曰：『祈招之愔愔，式昭德音，思我王度，式如玉、式如金，形民之力，而無醉飽之心。』」王揖而入，饋不食，寢不寐，數日，不能自克，以及於難。仲尼曰：「古也有志：『克己復禮，仁也。』信善哉，楚靈王若能如是，豈其辱於乾谿。」（昭公十二年）

季武子無適子，公彌長，而愛悼子，欲立之。……。訪於臧紇，臧紇曰：「飲我酒，吾為子立之。」季氏飲大夫酒，臧紇為客。既獻，臧孫命北面重席，新樽絜之。召悼子，降逆之，大夫皆起。及旅，而召公鉏，使與之齒。季孫失色。……。孟孫惡臧孫，季孫愛之，孟氏之御騶豐點，好羯也，曰：「從余言，必為孟孫。」再三云，羯從之。孟莊子疾，豐點謂公鉏：「苟立羯，請讎臧氏。」公鉏謂季孫曰：「孺子秩，固其所也，若羯立，則季氏信有力於臧氏矣。弗應。己卯，孟孫卒，公鉏奉羯，立于戶側，季孫至，入哭而出，曰：「秩焉在？」公鉏曰：「羯在此矣。」季孫曰：「孺子長。」公鉏曰：「何長之有？唯其才也。且夫子之命也。」遂立羯，秩奔邾。臧孫入哭

甚哀，多涕，出，其御曰：「孟孫之惡子也，而哀如是，季孫若死，其若之何？」臧孫曰：「季孫之愛我，疾疢也；孟孫之惡我，藥石也；美疢不如惡石，夫石猶生我，疢之美，其毒滋多，孟孫死，吾亡無日矣。」孟氏閉門，告於季孫曰：「臧氏將為亂，不使我葬。」季孫不信，臧孫聞之，戒。冬，十月，孟氏將辟，藉除於臧氏，臧孫使正夫助之，除於東門，甲從己而視之。孟氏又告季孫，季孫怒，命攻臧氏。乙亥，臧紇斬鹿門之關以出，奔邾。……。齊侯將為臧紇田，臧孫聞之，見齊侯，與之言伐晉，對曰：「多則多矣，抑君似鼠。夫鼠晝伏夜動，不穴於寢廟，畏人故也。今君聞晉之亂，而後作焉，寧將事之，非鼠如何。」乃弗與田。仲尼曰：「知之難也。有臧武仲之知，而不容於魯國，抑有由也，作不順而施不恕也。〈夏書〉曰：『念茲在茲』。順事，恕施也。」（襄公二十三年）

十二月，齊侯田于沛，招虞人以弓，不進。公使執之。辭曰：「昔我先君之田也，旃以招大夫，弓以招士，皮冠以招虞人。臣不見皮冠，故不敢進。」乃舍之。仲尼曰：「守道不如守官」，君子韙之。（昭公二十年）〔註9〕

夫生於亂世，朝不保夕，固不能因是而怙亂枉道，然以直道損身，亦非君子所樂見。所謂「邦有道則知，邦無道愚」〔註10〕，「天下有道則見，無道則隱」〔註11〕，即此義也。故洩冶雖忠義足式，以孔子視之，亦深為之惜也〔註12〕。至於人之行事，雖貴為人君，才知出群，亦不可悖義逆理而行，此孔子所以論楚靈王、臧紇之故也。又官有常秩，不可改易，故虞人不以弓進，孔子藉此而論臣下進退之節也。

齊慶克通於聲孟子，與婦人蒙衣乘輦，而入於閎。鮑牽見之，以告國武子，武子召慶克而謂之，慶克久不出，而告夫人曰：「國子謫我。」夫人怒。國子相靈公以會，高、鮑處守。及還將至，閉門而索客，

〔註 9〕按《左傳》此處所引孔子之言有兩解，一解以為孔子僅言「守道不如守官」，而時君子亦贊同其意；一解則以為孔子之意當是「守道不如守官，此乃為君子者所共同肯定者。」二說皆能言之成理，本文則取後一解。

〔註10〕見《論語·公冶長》。

〔註11〕見《論語·泰伯》。

〔註12〕見劉師培，《春秋古經箋》，卷七云：《傳》引孔子曰：「《詩》云：『民之多辟，無自立辟，其洩冶之謂乎？經于洩冶示處亂之義，故無善詞。』」亦此義也。

> 孟子訴之曰：「高、鮑將不納君，而立公子角，國子知之。」秋，七
> 月，壬寅，刖鮑牽，而逐高無咎。……仲尼曰：「鮑莊子之知不如葵，
> 葵猶能衛其足。」（成公十七年）

鮑牽處亂世而不能深自惕厲，謹言慎行，以遠禍避災，則其身罹刖刑，亦咎
由自取，故孔子譏其知不如葵也。

九、論個人之言行

> 仲尼曰：「臧文仲其不仁者三，不知者三。下展禽，廢六關，妾織蒲，
> 三不仁也。作虛器，縱逆祀，祀爰居，三不知也。」（文公二年）
> 九月，公至自楚。孟僖子病不能相禮，乃講學之，苟能禮者從之。
> 及其將死也，召其大夫，曰：「禮，人之幹也，無禮，無以立，吾聞
> 將有達者，曰孔丘，聖人之後也，而滅於宋。其祖弗父何，以有宋
> 而授厲公，及正考父，佐戴、武、宣，三命茲益共，故其鼎銘云：『一
> 命而僂，再命而傴，三命而俯，循牆而走，亦莫余敢侮。饘於是，
> 鬻於是，以餬余口。』其共也如是。臧孫紇有言曰：『聖人有明德者，
> 若不當世，其後必有達人。』今其將在孔丘乎？我若獲沒，必屬說
> 與何忌於夫子，使事之，而學禮焉，以定其位。」故孟懿子，與南
> 宮敬叔、師事仲尼。仲尼曰：「能補過者，君子也。《詩》曰：『君子
> 是則是效』，孟僖子可則效已矣。」（昭公七年）
> 春，邾隱公來朝。子貢觀焉。邾子執玉高，其容仰，公受玉卑，其
> 容俯。子貢曰：「以禮觀之，二君者，皆有死亡焉。夫禮，死生存亡
> 之體也，將左右周旋，進退俯仰，於是乎取之；朝祀喪戎，於是乎
> 觀之。今正月相朝，而皆不度，心已亡矣，嘉事不體，何以能久。
> 高仰驕也；卑俯替也。驕近亂，替近疾，君為主，其先亡乎？」……。
> 夏，五月，壬申，公薨。仲尼曰：「賜不幸言而言，是使賜多言者也。」
> （定公十五年）

此三則係孔子就特定之對象作為之評論，而由其論臧文仲縱逆祀為不知，可
知孔子亦不以魯國逆祀僖公為正也〔註13〕。此外，由其論孟僖子與子貢之言，
亦可明瞭孔子重禮，守禮之原則，且因此而為時人所知也。

〔註13〕按《禮記》器篇引孔子之言曰：「臧文仲安知禮，夏父弗綦逆祀而弗止也。」
　　　　是所謂「縱逆祀」者即指逆祀僖公之事也。

十、論文辭學術

鄭子產獻捷於晉，戎服將事，晉人問陳之罪，對曰：「昔虞閼父爲周
陶正，以服事我先王，我先王賴其利器用也，與其神明之後也，庸
以元女大姬，配胡公，而封諸陳，以備三恪，則我周之自出，至于
今是賴。桓公之亂，蔡人欲立其出，我先君莊公，奉王父而立之，
蔡人殺之，我又與蔡人奉戴厲公，至於莊宣，皆我之自立，夏氏之
亂，成公播蕩，又我之自入，君所知也。今陳忘周之大德，蔑我大
惠，弃我姻親，介恃楚眾，以馮陵我敝邑，不可億逞，我是以有往
年之告，未獲成命。則有我東門之役。當陳隧者，井堙木刊。敝邑
大懼不競，而恥大姬，天誘其衷，啓敝邑心，陳知其罪，授手于我，
用敢獻功。」晉人曰：「何故侵小？」對曰：「先王之命，唯罪所在，
各致其辟，且昔天子之地一圻，列國一同，自是以衰，今大國多數
圻矣，若無侵小，何以至焉。」晉人曰：「何故戎服？」對曰：「我
先君武、莊爲平、桓卿士，城濮之役，文公布命曰：『各復舊職』，
命我文公戎服輔王，以授楚捷，不敢廢王命故也。」士莊伯不能詰，
復於趙文子。文子曰：「其辭順，犯順不祥。」乃受之。……。仲尼
曰：「志有之，『言以足志，文以足言。』不言，誰知其志，言之無
文，行而不遠。晉爲伯，鄭入陳，非文辭不爲功，慎辭哉！」（襄公
二十五年）

宋向戌善於趙文子，又善於令尹子木，欲弭諸侯之兵以爲名。如晉
告趙孟，……，晉人許之。如楚，楚亦許之。如齊，齊人難之，……，
齊人許之。告於秦，秦亦許之。皆告於小國，爲會於宋。五月甲辰，
晉趙武至於宋。丙午，鄭良霄至。六月，丁未，朔，宋人享趙文子，
叔向爲介，司馬置折俎，禮也。仲尼使舉是禮也，以爲多文辭。（襄
公二十七年）

秋，郯子來朝，公與之宴，昭子問焉，曰：「少皞氏鳥名官，何故也？」
郯子曰：「吾祖也，我知之。昔者黃帝氏以雲紀，故爲雲師而雲名。
炎帝氏以火紀，故爲火師而火名。共工氏以水紀，故爲水師而水名。
大皞氏以龍紀，故爲龍師而龍名。我高祖少皞摯之立也，鳳鳥適至，
故紀於鳥，爲鳥師而鳥名。鳳鳥氏，歷正也。玄鳥氏，司分者也。
伯趙氏，司至者也。青鳥氏，司啓者也。丹鳥氏，司閉者也。祝鳩

氏，司徒也。雎鳩氏，司馬也。鳲鳩氏，司空也。爽鳩氏，司寇也。
鶻鳩氏，司事也。五鳩，鳩民者也。五雉爲五工正，利器用、正度
量，夷民者也。九扈爲九農正，扈民無淫者也。自顓頊以來，不能
紀遠，乃紀於近。爲民師而命以民事，則不能故也。」仲尼聞之，
見於郯子而學之。既而告人曰：「吾聞之，『天子失官，學在四夷』，
猶信。」（昭公十七年）

前二則係孔子論文辭之效，如能善用之，足以安邦定國；然亦不可言過其實，
此孔子所以論弭兵之禮也。其次則爲孔子憫於學術散佚，深致感慨也。

由此可知，《左傳》「仲尼曰」其所論之範圍雖較「君子曰」爲廣泛，然
比較二者之內容重點則大同小異。至於其中引經之情形，亦與「君子曰」若
合符節，總計二十二則「仲尼曰」中，引《詩》者四則，引《書》者二則，
引志者二則，雖然其所引之文句章節或有異於今本者〔註 14〕，究其目的，或
引證，或釋義，則亦與「君子曰」無異也。

吾人若再分析「仲尼曰」之義蘊，亦可發現其與「君子曰」實甚相近，
以下即就一二例證深入探討之。如前所述，君子之本意在於以懲惡勸善，與
人爲善之立場，提示吾人安身立命之常道，故其評人論事，每就其本心初衷
立論，且不沒人善，揆孔子之意，似亦近之。如孔子稱孟僖子爲君子，蓋以
其能補過，則孔子之意亦不以有過爲嫌，若知過能改，自無礙於爲君子，由
此可見孔子殷殷與人爲善之意。此外，由孔子論楚靈王、臧武仲，亦可知孔
子意在勉人行道不懈，人惟能行道守義，方能全身遠禍。如君子貶慶氏、褒
公孫黑肱、伯石，亦此意也。又若孔子論宗魯之非，則意在示人行道守義之
眞諦，蓋宗魯之言行，人或以爲合於道義，然深入分析，實似是而非者也。
夫宗魯已知齊豹將作亂，不思定亂，反飾辭巧辯，欲成己之名，既而亂作，

〔註 14〕其引自《詩》、《書》而異於今本者計有四處：
  （一）襄公二十三年引〈夏書〉「念茲在茲」，今本《尚書》則見於《虞書‧
    大禹謨》。
  （二）哀公六年引〈夏書〉「今失其行」，今本作「今失厥道」；「乃滅而亡」，
    今本作「乃底滅亡，見《夏書‧五子之歌》。
  （三）昭公十三年引《詩‧小雅‧南山有臺》「樂旨君子」，今本作「樂只君
    子」。
  （四）昭公二十年引《詩‧大雅‧民勞》「毋從詭隨」，今本作「毋縱詭隨」；
    「慘不畏明」，今本作「憯不畏明」。又引《商頌‧長發》「布政優優」，
    今本作「敷政優優」。

遂與主偕亡，損人以干譽，實非循道合義之舉，而常人以義歸之，可知時人多昧於此，故孔子詳爲剖析，以正人心。如君子論荀息，伯姬，亦此意也。凡此種種，莫不可見孔子之用心，乃在於闡釋人生之常道，示人修己安群之途徑，從而勉人向善，以期撥亂世，反之正。

　　由是而言之，《左傳》之「仲尼曰」、「君子曰」二者，不論其內容觀點，抑或其立場用心，實無不同；特其一爲聖人之言，一爲作者之意，二者合觀，適足以相輔相成也。

第四節　與《公羊》、《穀梁》比較

　　《左傳》與《公羊》、《穀梁》並稱春秋三傳，同爲解釋春秋之重要典籍，而三傳釋經取徑不同，雖皆能有所創發，闡明聖人之微旨，然所重既異，故此是彼非，莫衷一是者，勢所難免。吾人論三傳異同，若不明其論事之本心，遽爲論斷，則無由得其眞相矣。夫《公》、《穀》解經，辭辯義精，夙爲學者推重，今《左傳》論事解經之態度，藉君子之評論得以稍加廓清，若取三傳對於同一事例所爲之評論排比參較，則三傳論事之不同處或能由是而益顯也。

　　三傳申述經文，並非每一條文皆爲之疏通，往往僅有二傳，甚或一傳單行。今檢索三傳，其中《左傳》君子所論之事，而另二傳有論述者共計四則，以下即依時間先後敘述之。

一、論宋宣公

隱公三年：

經：癸未，葬宋繆公。

《公羊傳》：

> 葬者曷爲或日或不日？不及時而日，渴葬也。不及時而不日，慢葬也。過時而日，隱之也。過時而不日，謂之不能葬也。當時而不日，正也。當時而日，危不得葬也。此當時，何危爾？宣公謂繆公曰：「以吾愛與夷，則不若愛女；以爲社稷宗廟主，則與夷不若女，盍終爲君矣？」宣公死，繆公立，繆公逐其二子莊公馮，與左師勃，曰：「爾爲吾子，生毋相見，死毋相哭。」與夷復曰：「先君之所爲不與臣國，而納國乎君者，以君可以爲社稷宗廟主也。今君逐君之二子，而將

致國乎與夷，此非先君之意也。且使子而可逐，則先君其逐臣矣。」
繆公曰：「先君之不爾逐，可知矣，吾立乎此，攝也。」終致國乎與
夷。莊公馮弒與夷。故君子大居正，宋之禍，宣公為之也。

《左傳》君子之意，蓋以宣公傳位於其弟穆公，而其子殤公亦得嗣位為君，故稱宣公為知人也。至於《公羊》則以後來殤公被弒為繆公成之，歸根結柢，則以宣公讓國為非也。平情而論，似以《左傳》所論較為近理。夫宋國承殷商餘緒，行事或有異於諸姬者，讓國於親族之賢者，即為其固有之傳統也。如僖公八年傳云：

宋公疾，太子茲父固請曰：「目夷長且仁，君其立之。」公命子魚，子魚辭曰：「能以國讓，仁孰大焉，臣不及也。」且又不順，遂走而退。

而昭公七年傳載孟僖子論孔子之語，亦嘗言及「其祖弗父何，以有宋而授厲公」，是其國通例如此，則宣公傳弟不傳子，穆公傳姪不傳子，亦無可厚非。至於《公羊》之意則如清人陳立所言：

不書莊公馮殺，避所善也，是故讓者春秋之所善，宣公不與其子，而與其弟；其弟亦不與子，而反之兄子，雖不中法，皆有讓高，不可棄也。故君子為之諱不居正之謂，避其後也。亂移之宋督，以存善志，此亦春秋之義，善無遺也。若直書其篡，則宣穆之高滅，而善之無所見矣。〔註15〕

按《公羊》謂殤公被弒乃子馮主其事，則過於深文。蓋春秋僅書「宋督弒其君與夷」，而後則如《左傳》桓公二年傳載「召莊公于鄭而立之」，實不足以論定莊公與其事也。然依陳立之言，亦以宣、穆之讓有可褒者也。若必以穆公讓位有不是處，或僅在於置子馮於鄭，適足以啓華督之心也。然而華督早蓄無君之心，固不必有所待而後行事也。由此可知，謂宋宣公為知人，亦未為過論也。

二、論荀息

僖公十年：

經：晉里克弒其君卓子，及其大夫荀息。

《公羊傳》：

〔註15〕見陳立，《公羊義疏》五。

及者何,累也。弒君多矣,舍此無累者乎?曰:「有。」孔父、仇牧,
皆累也。舍孔父、仇牧無累者乎?荀息可謂不食其言矣。其不食其
言奈何?奚齊、卓子者,驪姬之子也,荀息傅焉。驪姬者,國色也,
獻公愛之甚,欲立其子,於是殺世子申生。申生者,里克傅之。獻
公病將死,謂荀息曰:「士何如則可謂之信矣?」荀息對曰:「使死
者反生,生者不愧乎其言,則可謂信矣。」獻公死,奚齊立。里克
謂荀息曰:君殺正而立不正,廢長而立幼,如之何?願與子立之。
荀息曰:「君嘗訊臣矣。」臣對曰:「使死者反生,生者不愧乎其言,
則可謂信矣。」里克知其不可與謀,退弒奚齊。荀息立卓子,里克
弒卓子,荀息死之。荀息可謂不食其言矣。

《穀梁傳》:

以尊及卑也,荀息閑也。

夫荀息許獻公以忠貞,乃奚齊、卓子先後被殺,己亦殉之,所謂「公家之
利,知無不爲」者,豈若是耶?以此衡之,誠不免有愧,故《左傳》責之。
至其事君之志節,始終如一,不奪不移,亦人臣之所難能,《公》、《穀》贊
之,或出於此也,然不得謂其不食言。如清鍾文烝《穀梁補注》引柳宗元非
國語云:

息閑君之惑,排長嗣而擁非正,其於中正也遠矣,不食其言又不可
爲信,春秋類之孔父、仇牧,以激不能死者耳。孔子曰:「與其進,
不保其往也。」〔註16〕

由此可知,荀息之行事也,有其見事不明處,亦有足堪取法者,三傳褒責不
一,似以《左傳》爲切近於理也。

三、論共姬

襄公三十年:

經:五月,甲午,宋災,伯姬卒。

《穀梁傳》:

取卒之日,加之災上者,見以災卒也。其見以災卒奈何?伯姬之舍
失火,左右曰:夫人少辟火乎?伯姬曰:婦人之義,傅母不在,宵
不下堂。左右又曰:「夫人少辟火乎?」伯姬曰:「婦人之義,保母

〔註16〕見鍾文烝,《穀梁補注》,卷十。

> 不在，宵不下堂。遂逮乎火而死。」婦人以貞爲行者也，伯姬之婦
> 道盡矣，詳其事，賢伯姬也。

伯姬以守節自矢，雖死不渝，此誠難能可貴，故《穀梁》賢之。然其人賢則賢矣，猶有未盡善者，臨事而不知權變，此《左傳》所以責之也。誠如傅隸樸先生云：

> 左氏首述宋災之妖異，次言伯姬待姆而被燒死，最後評伯姬不知婦
> 義，未婚之女，必待保姆而後行動，已婚之婦，當以事之宜否而
> 行，……，伯姬必待保姆來始肯下堂，遂被燒死，這是惜伯姬知女
> 節，而不知婦義。……。不過伯姬嚴守女戒，爲一賢婦人，這是無可
> 否認的，所以也不能謂穀梁「賢伯姬」之斷語，爲完全荒謬。〔註17〕

由是而言之，二傳所重不一，而皆能言之成理，固未能論其高下也。

四、論許大子止

昭公十九年：

經：夏，五月，戊辰，許世子止弒其君買。

《穀梁傳》：

> 日弒，正卒也。正卒，則止不弒也。不弒而日弒，責止也。止曰：「我
> 與夫弒者，不立乎其位，以與其弟虺，哭泣歠鱣飦粥，嗌不容粒，」
> 未踰年而死。故君子即止自責而責之也。

昭公十九年：

經：冬，葬許悼公。

《公羊傳》：

> 賊未討，何以書葬？不成于弒也。曷爲不成于弒？止進藥而藥殺也。
> 止進藥而藥殺，則曷爲加弒焉爾？譏子道之不進也。其譏子道之不
> 盡奈何？曰：樂正子春之視疾也，復加一飯，則脫然愈，復損一飯，
> 則脫然愈，復加一衣，則脫然愈，復損一衣，則脫然愈。止進藥而
> 藥殺，是以君子加弒焉爾。曰：「許世子止，弒其君買，是君子之聽
> 止也。葬許悼公，是君子之赦止也。赦止者，免止之罪辭也。」

三傳於此事並無異辭，皆以許大子止非蓄意弒君者。其進藥也，乃孝心使然，然未達藥性，悼公竟因此致命，是雖有弒君之行，實無弒君之心，三傳所論，

〔註17〕 見傅隸樸先生，《三傳春秋比義》，頁 864～865。

皆不出此，故未有牴牾也。

　　綜上所述，雖僅四例，或未能盡窺三傳論事之內蘊，然亦非全無所獲。即此數例而論，可知《公羊》、《穀梁》論事似不若《左傳》深入，蓋其論事也，雖立心正大、議論細密，然不免有所拘牽。《左傳》君子評人論事，則先究其心，復考其事，終則以守經通權之道斷其是非，故其評論或較爲允當也。若再以人譬之，則《公羊》、《穀梁》有似硜硜自守之狷者，知所不爲，志節堅定，雖乏變通，亦足爲楷式。《左傳》則有似勇毅進取之狂者，把握大節，不計細行，其長在於隨事制宜，能明辨事之大小輕重，而計出萬全，然其心志難以爲人所知，易滋誤解，是其短也。由此可知，三傳解經，各有長短，取其長而去其短，則春秋之微旨庶幾可明矣。

第五節　評「君子曰」之平議

　　自西漢劉歆爲立《左傳》於學官，而移書讓太常博士以來，《左傳》是否解經，內容與《國語》關係如何，是否曾經後人竄亂等種種疑問，後來學者莫不各抒己見，以期能存眞去僞；而有關《左傳》「君子曰」之爭議亦已多矣。然論者或未通覽全篇，僅取其中數例論述其是非，如此則難免有所誤會。今「君子曰」之內容，立場既已澄清，吾人於諸家異說亦應加以說明，以下即一一敍述之。

一、論潁考叔純孝

宋劉敞云：

> 君子曰：「潁考叔純孝也。非也。」莊公既自悔其與母誓矣，考叔已聞其心若此矣，考叔當明言于君曰：「君之誓母不孝也，鬼神所惡也，雖有醜誓，鬼神弗聽也，君不如迎母反之，此所謂遷善徙義，君子之道，鬼神所福也。」彼莊公聞若言必欣然不辭，何者，彼悔誓其母，又恥自發之，左右莫能導其君者，故至於此，使考叔能爲此言，莊公何遽不從，而晻昧致說，苟公不怪其舍肉，事未可知也。又闕地作隧，自云黃泉，上之不足誑鬼，下之不足誣人，內之不足欺心，而徒教其君恥過作非，此孟子所謂又從而爲之辭者也，何謂純孝乎？〔註18〕

〔註18〕見劉敞所撰，《春秋權衡》，卷第一。

清劉逢祿云：

> 考叔于莊公，君臣也。不可云施及，亦不可云爾類，不辭甚矣。凡
> 引君子之云，多出後人坿益，朱子亦嘗辨之。〔註19〕

觀二家之言，一以潁考叔導莊公之道不正，故不得謂爲純孝；一以君子所引
詩句比於不倫，由此而疑「君子曰」非在左氏本有。關於前者，吾人以爲鄭
莊公本爲一雄智之主，欲進言而使必從之，實非易事，劉敞所云，雖亦近理，
如莊公不從，終屬枉然。蓋以莊公之深謀遠慮，雖有悔意而不見其行者，爲
迎歸其母且不違其誓，難以兩全也，此所以潁考叔之策能爲莊公所納之故也。
由此亦可知，君子之贊美考叔，不僅稱其能推其孝心及莊公，亦稱其施之有
術也。至於劉逢祿之言，則竹添光鴻論之甚詳，其言曰：

> 言潁考叔能感悟莊公，變其言不孝之心爲孝，則莊公爲考叔之朋類，
> 是孝之不乏，天錫之朋類也。〔註20〕

由此可知劉逢祿之言之不免拘執也。

二、論周鄭交質

宋劉敞云：

> 又曰：「周鄭交惡，君子曰：『信不由中，質無益也。非也。』……。
> 而君子但惡信不由中，使周與鄭儕，此爲縱鄭對惡，急周之信，孟
> 子所謂人絞其兄之臂，教之徐徐云爾者也。」〔註21〕

劉逢祿云：

> 呂祖謙辨之正矣，或非左氏之舊也。〔註22〕

諸家之說皆以君子論周鄭交質，爲等周於諸侯，乃悖理之謬論。殊不知君子
之意本不在此，依君子之意，若彼此能以誠信相待，則雖無質亦可也，故其
評論開宗明義即言「信不由中，質無益也」，並引詩以證明若果有信，則至微
之物亦足以徵信，其言外之意當是若能彼此信賴，又焉用質。此爲君子之意，

〔註19〕 見劉逢祿所撰，《左氏春秋考證》，〈隱公篇〉。
〔註20〕 見竹添光鴻，《左傳會箋》第一，隱公元年。又此句之下尚有言論此事，然稍
　　　　有未盡處，其言「古人寬於責惡，而急於勸善」則矣，言莊公、考叔之行事
　　　　有其隱衷則非矣，蓋古人褒貶，必有分寸，若考叔以他故而進此策，則不得
　　　　謂純孝矣。且君子評論，亦就事論事耳，自不能因後來之事非今日之行。
〔註21〕 同註11。
〔註22〕 同註12。又呂相謙所辨者見《東萊博議》，卷一「周鄭交惡」，意謂君子論周
　　　　鄭交惡，是君子者亦不知有王室，此所以孔子憂而作《春秋》也。

故諸家所論，實未達君子之本心也。

三、論宋宣公知人

宋劉敞云：

> 又曰：「宋桓（按：當爲宣之誤）公可謂知人矣，立穆公，其子饗之，
> 非也。」宣公知人之狀何如哉？知其必反國於己子邪，則是挾詐而
> 讓也；知其賢足以任國爲君邪，則穆公竟不能止後世之亂。……。
> 若旦得讓名，暮有讓禍，此乃讓非其人，不知人之甚者，何謂知人
> 哉？〔註23〕

宋趙鵬飛云：

> 分義，天下之大閑也，君子不以小廉亂大分，不以小謙廢大義。宋
> 之亂，宣公啓之，而穆公成之也。宣公捨其子而立其弟，是以小廉
> 亂大分也，穆公又捨其嗣而歸其姪，是以小謙亂大義也；故宋之亂
> 者二世，宣穆之罪也。〔註24〕

宋朱熹云：

> 其曰宋宣公可謂知人矣，立穆公，其子饗之，命以義夫。只知有利害，
> 不知有義理，此段不如穀梁說君子大居正，郤是儒者議論。〔註25〕

宋呂祖謙云：

> 有國者傳之子，常道也，中道也。宋宣公必傳於弟，以爲奇而高焉。
> 一傳穆公而使之逐其子，再傳殤公而使之殺其身。公羊氏以爲君子
> 大居正，宋之禍，宣公爲之也，其說既無以加矣。〔註26〕

清劉逢祿云：

> 鄙倍之辭，且子遭弒，安能饗國，以此爲義，豈夫居正之君子所言。
> 此故與《公羊》爲難，見殷禮有兄終弟及之義，實非義命也，欲破
> 危不得葬之例耳。宋世家亦引此文，而論贊仍引《公羊》義正之，
> 朱子亦以《公羊》爲君子大義，而斥此論之妄，卓哉！〔註27〕

夫讓國於賢，爲宋國之傳統，前已論之矣，故不得以此而非宣、穆之行。至

〔註23〕同註11。
〔註24〕見趙鵬飛，《春秋經筌》，卷一。
〔註25〕見《朱子語類》，卷第八十三〈春秋〉。
〔註26〕見呂祖謙，《東萊博議》，卷一〈宋穆公立殤公〉。
〔註27〕同註12。

於或以殤公遭弒而責宣、穆者，則如韓席籌所言「乃其後人之不肖，未可爲二父罪也。」〔註28〕蓋君子所稱者爲宣公，自不能以後人之遭弒而非之也。

四、論鄭莊公不貪宋地爲正

宋劉敞云：

> 傳又曰：「君子謂鄭莊公可謂正矣，不貪其土，以勞王爵，亦非也。鄭雖以王命討宋，得其土地，當歸之王，鄭何得專而有之，專而裂之邪？專而有之，專而裂之，不臣甚矣，反謂之正乎？周之末世，人尤不知義哉，其以此類爲正也，此丘明不學於仲尼之蔽也。」〔註29〕

按《左傳》君子贊鄭莊公者，以其知有王爵，不敢自有宋地，故讓於魯，此能得治政之體，故君子稱之。周末亂世，如鄭莊公者已屬難能，劉敞之言不免失之苛矣。

五、論鄭莊公定許爲有禮

宋劉敞云：

> 傳曰：「鄭伯使許大夫百里奉許叔以居許東偏，君子曰：『鄭莊公於是乎有禮。非也。』許若有罪，鄭已破其國，即當請王而立君；許若無罪，鄭固不當妄破其國。妄逐其君。今許罪不可知，而專爲威福，政不由王而制於己，私其邊圉之固，皆大罪也，何謂知禮乎？」〔註30〕

清劉逢祿云：

> 滅人之國，逐人之君，專封其臣下，是而知禮，孰不知禮？〔註31〕

鄭莊公何以有禮，君子之言已甚爲詳盡，諸家所論，或因其克段之行過於老辣，遂疑其心術，然君子見其行合於禮而稱之，乃就事論事。至其定許之經過亦無不當，如傅隸樸先生所論：

> 鄭伯不存併許之心，而令許大夫奉許叔以執行許政，維持過渡期間
> 之國政，僅使公子獲處許西偏，以盡監護之責，有何非禮？〔註32〕

由此可知君子所論並無不當也。〔註33〕

〔註28〕見韓席籌，《左傳分國集注》，卷八「宋殤之立」。
〔註29〕同註11，卷二。
〔註30〕同註11，卷二。
〔註31〕同註12。
〔註32〕同註10，頁70。又此言本爲駁趙匡之論，亦見其書所引，此不具引。
〔註33〕劉逢祿《左氏春秋考證》於論鄭莊公定許之後，尚有論君子曰之言：「君子謂

六、君子論鄭昭公知所惡

清劉逢祿云：

> 遭弑而云知所惡，君子人與？〔註34〕

按君子此言，蓋深惜昭公雖已知高渠彌之惡，然不能預先防範，終致被殺。其辭惋惜之情溢於言表，劉氏其未達君子之意乎？

七、論公子洩公子職立黔牟為不度

宋劉敞云：

> 傳曰：「君子以二公子之立黔牟為不度，非也。王人子突救衛，《春秋》貴之，則是黔牟王所欲立也。」篡王所立，朔則有罪，今朔不見貶，而黔牟顧先蒙惡，豈《春秋》意哉？〔註35〕

傅隸樸先生云：

> 左氏說明衛侯朔入國後，放公子黔牟及寧跪，殺左右二公子，乃批評二公子之立黔牟為欠思度揣度。均於經義無關，於事理無當，此由其識短，徒以成敗論人。〔註36〕

按立君定國，非同兒戲，若不出於深思熟慮，政權屢屢更迭，殃及無辜，生靈受害。君子所論者實在於是，非薄於黔牟而以成敗論之也。

八、論君子善魯莊公能脩德

宋呂祖謙云：

> 彼魯莊之視齊襄，乃君父不戴天之讎，義所必校者也，反畏怯而俯首，為讎人之役，坐視其取成而不校者，特畏其強而不敢校耳，姑託罪己修德之詞，以自解於眾，豈其本心哉！〔註37〕

傅隸樸先生云：

> 左氏於經文之後加仲慶父請伐齊師，引出莊公「我實不德，齊師何罪？……姑務脩德以待時乎？」一段議論，并用「君子是以善魯莊

鄭莊公失政刑矣，君子是公知桓王之失鄭也，君子是以知息之將亡也，證曰：君子之文疊見，亦拙。」今按劉氏之言亦過於武斷，蓋君子有事則論，又何計乎疊見與否，此本毋須深辨，姑置於此。

〔註34〕同註12，〈桓公篇〉。
〔註35〕同註11，卷第三。
〔註36〕同註10，頁169。
〔註37〕同註19，卷二〈魯莊公圍郕〉。

公」爲結論，以示經文在褒魯莊公。其實莊公這一段冠冕的言論不
過是爲自己遮羞而發，他有力量與膽氣伐齊師嗎？如有，則早就以
父讎爲名而伐齊了，何待此刻？左氏之義是錯誤的。〔註38〕

夫莊公之處境實頗難堪，蓋齊國爲親戚之國，於義則弑父之讎不共戴天，然
力不足以討之，爲長久計，惟脩德以待時，此不得不爲之言也，君子之善魯
莊者，以此。

九、論君子以鬻奉兵諫爲愛君

清劉逢祿云：

> 愛君以兵，是非君子之言。〔註39〕

吾人以爲君子稱其爲愛君，而不許之以忠，其意即在明示後人此非忠君之正
道也。宋人王當有言曰：

> 異哉鬻拳之愛君也，有愛君之誠而不知愛君之道，豈忠勇而未始學
> 邪？〔註40〕

可知劉逢祿之言非是也。

十、論君子以齊人殺哀姜爲已甚

明顧炎武云：

> 哀姜通慶父，弑閔公，爲國論所不容而孫于邾，齊人取而殺之，義
> 也，而傳謂之已甚，非也。〔註41〕

清劉逢祿云：

> 欲迷伯討之義也。〔註42〕

吾人以爲慶父弑閔公之事，哀姜與知之，故難辭其咎，然應有主從之分，或
如《左傳》莊公元年所載「夫人（文姜）孫于齊，不稱姜氏，絕不爲親，禮
也。」如宋劉敞云：

> 宋襄之母獲罪於君，歸其父母之國，及襄即位，欲一見之而義不可
> 得，作河廣之詩以自悲。然宋襄亦不迎而致也，爲嘗獲罪於先君，
> 不可以私廢命也。孔子論其詩而著之，以爲宋姬不爲不慈，襄公不

〔註38〕同註10，頁177。
〔註39〕同註12，〈莊公篇〉。
〔註40〕見王當，《春秋臣傳》，卷第六。
〔註41〕見顧炎武，《日知錄》，卷四〈齊人殺哀姜〉條。
〔註42〕同註12，〈僖公篇〉。

爲不孝。況文姜之罪大，絕不爲親，何嫌於義哉？〔註43〕
即此義也。則循此例以處哀姜可也。

十一、論君子以荀息言行不一

《國語》，卷八〈晉語二〉：

> 既殺奚齊，荀息將死之，人曰：「不知立其弟而輔之。」荀息立卓子，
> 里克又殺卓子，荀息死之。君子曰：「不食其言矣。」

按《史記》亦謂荀息不食其言，其文見本文第一章第二節，此不具引。又宋
劉敞云：

> 十年，春，王正月。……。荀息之智則未，荀息之義則盡矣。託六尺
> 之孤，寄百里之命，臨大節而不可奪，荀息可謂不食其言矣。〔註44〕

是皆以荀息爲不食其言，然其志固可嘉，其行實有愧其言，如宋王當云：

> 孔子曰：「信近於義，言可復也。」獻公以奚齊託荀息，荀息以義析
> 之，亂庶乎沮，不知出此，區區以復言爲信，此與尾生何異？〔註45〕

而日人竹添光鴻之言亦甚爲近理：

> 荀息從君於昏，而不達事勢，惟以不食言爲重，是以君子責其前言
> 之失，不可復治也。〔註46〕

由此可知，荀息實不可謂不食其言也。

十二、論君子謂晉踐土之盟也信城濮之役能以德攻

傅隸樸先生云：

> 左氏敘事，未及經義，也不妨害經義，不料其用「君子謂是盟也信，
> 謂晉於是役也，能以德攻，」來論斷此盟，大反其所述事實。不知
> 盟詛不及三王，以此血淋淋的誓詛來盟諸侯，豈是講德講信的表現？
> 況此戰之勝，全持戰略的運用，何嘗用過誓辭，則是春秋諸盟會中
> 最惡毒者，《左傳》竟引之爲褒美之證，可謂無識到極點了。〔註47〕

其意以《左傳》君子之論全然悖理，平情而論，似不可謂其一無是處也，茲
先論踐土之盟，日人竹添光鴻言之頗詳，其言曰：

〔註43〕同註11，卷第三。
〔註44〕見劉敞，《春秋傳》第五。
〔註45〕同註33，卷第六。
〔註46〕同註13，第五〈僖公九年〉。
〔註47〕同註10，頁402。

晉之獎王室，施及數世，故曰信。凡盟主信，而當時盟誓之言，不
踐者多矣，唯是盟也，其後踐行不違，故君子特稱踐土也。〔註48〕

是君子稱此盟爲信，亦持之有故也。至於「謂晉於是役也，能以德攻」亦非
虛言。蓋城濮之戰，晉能勝楚，固爲其戰略運用有以致之。然其會戰之前，
整軍教民，則皆以禮義爲之也，如其出定襄王乃示民以義，伐原乃示民以信，
蒐於被廬乃示民以禮，此所以傳言「一戰而霸，文之教也。」故謂晉能以德
攻，亦言之成理也。

十三、論君子謂晉文公能刑

清劉逢祿云：

顛頡有從亡之功，而殺以徇，所謂以善服人者，未有能服人者也。

〔註49〕

夫賞善罰惡，是非分明，乃能服人，晉文公之所以得人心者以此，故顛頡雖
有從亡之功，亦不因是而赦其罪，蓋其恩並濟者歟？

十四、論君子公衛謀於陳爲古

宋劉敞云：

傳曰：「晉師獲衛孫昭子。」衛人使告於陳，陳共公曰：「更伐之，
我辭之。」衛孔達帥師伐晉。君子以爲古，古者越國而謀，非也。
古者雖越國而謀，所謀者必義事也。今陳與衛何謀哉，謀畔命侵小
者也，謀畔命侵小，是非古矣，何以謂之古。〔註50〕

傅隸樸先生云：

左氏竟以爲有合於古越國而謀，古者越國而謀乃爲尊王之禮，若衛
之謀陳，乃是謀亂天下，如以此爲古，則是蘇張之合從連衡，都是
古了。這不只是昧於古禮，且不識時宜，豈是君子之言？〔註51〕

按「古」有二解，前已言之，以合於古道解之，則君子所言誠令人大惑不解，
然若取另一解，如竹添光鴻所言「古言迂遠而闊於事情也」〔註52〕，則可釋
學者之疑矣。

〔註48〕同註13，卷第七。
〔註49〕同註12，〈僖公篇〉。
〔註50〕同註11，卷第五。
〔註51〕同註10，頁438。
〔註52〕同註13，第八〈文公元年〉。

十五、論君子以魯逆祀僖公爲非禮

清劉逢祿云：

> 三誣君子，妄甚。鄭祖厲王，蓋緣左氏記鄭災，有徙主祐於周廟之
> 語。以后稷況僖，以后帝況閔，又以姑況閔，以姊況僖，說詩之君
> 子，固如是擬不於倫耶？證以《國語》之文，眞僞立判矣。〔註53〕

夫《左傳》此段記載與《國語》固甚近似，然不可以其詳略不同而判其爲一
眞一僞，此其一；又劉氏謂君子引《詩》有失分寸，實則君子引《詩》乃用
其意，以釋先尊後卑之義，自不必拘泥於字句也。

十六、論君子謂叔申所忠非人

宋劉敞云：

> 傳曰：「鄭伯討立君者，殺叔申叔禽。」君子曰：「忠爲令德，非其
> 人猶不可，況不令乎！」予謂君子之言陋矣。叔申豈能忠者哉？君
> 執而立其子，反使晉人得緣其隙以殘其國，爲叔申謀者，不若謹脩
> 守備而和其民人，以義讓晉，使曲在彼，諸侯之好我者，莫不動心，
> 則君必歸矣。若是奚有殺身之禍歟？〔註54〕

按叔申之謀之是非，論者所見不一，然觀傳載叔申立君後，晉欒書言「鄭人
立君，我執一人焉，何益？不如伐鄭而解其君，以求成焉。」可知叔申之策
並非無效也，而鄭成公能復歸鄭國，實賴其謀，乃反國即殺叔申，此君子所
以深爲感歎者也。劉敞所言，雖不無道理，然彼能料晉國必從乎？如晉不從，
則計將安出？由此益可知叔申之苦心矣。

十七、論君子謂楚共王殺子辛爲不刑

宋劉敞云：

> 又曰：「君子謂楚共王於是乎不刑。」夫共王殺壬夫，《春秋》謂之
> 貪，而當是共王之刑無失也。如令共王之刑有失，則《春秋》不應
> 名壬夫以見其罪，傳指言貪以著其惡也。《春秋》名壬夫以見其罪，
> 傳指言貪以著其惡，共王殺之，何謂不刑乎！然猶謂共王不刑，則
> 是《春秋》亦不刑也，解經若此，取舍安從哉！〔註55〕

〔註53〕同註12，〈文公篇〉。
〔註54〕同註11，卷第五。
〔註55〕同註11，卷第六。

其意蓋以壬自有取死之道，共王殺之不爲不刑，然而竹添光鴻之言或得君子所論之眞義也。其言曰：

> 壬夫貪，固有國討之罪，然共王坐視其貪，使至陳叛而後殺，故曰不刑。不刑者，言不得用刑之道也。〔註56〕

由此可知君子所論實不無道理。又宋人趙鵬飛亦有言論此事，且以爲經文之意在咎共王也，其言曰：

> 楚失陳鄭，勢也，悼公方霸，陳鄭何辭不歸，楚共眞夷爾，不達陳鄭去就之故，乃歸罪王夫，以爲壬夫侵之，以致陳叛。且壬夫不侵陳，陳豈久安於左袒哉！則殺壬夫，遷怒也，非其罪也，故以累上之辭書之。〔註57〕

由是而言之，君子所論亦無違經意也。

十八、論君子謂宋共姬女而不婦

漢劉向云：

> 伯姬既嫁於恭公十年，恭公卒，伯姬寡。至景公時，伯姬嘗遇夜失火，左右曰：「夫人少避火」。伯姬曰：「婦人之義，保傅不俱，夜不下堂。待保傅來也。保母至矣，傅母未至也。」左右又曰：「夫人少避火。」伯姬曰：「帚人之義，傅母不至，夜不可下堂。越義求生，不如守義而死。」遂逮於火而死。《春秋》詳錄其事，爲賢伯姬，以爲婦人以貞爲行者也。伯姬之婦道盡矣。
>
> 頌曰：「伯姬心專，守禮一意，宮夜失火，保傅不備，逮火而死，厥心靡悔，《春秋》賢之，詳錄其事。」〔註58〕

宋劉敞云：

> 三十年，宋伯姬卒，左氏曰：「君子謂宋共姬女而不婦，女待人，婦義事也，非也。」如共姬之守禮死義，不求生以害生，亦可免矣。反謂之不婦乎？易曰：「恒，其德貞，婦人吉。」共姬恒之矣，所謂

〔註56〕同註13，第十四〈襄公五年〉。

〔註57〕同註17，第十一。

〔註58〕見劉向，《烈女傳・貞順傳》。又章太炎先生〈鎦子政左氏說〉亦曾論及此事，其言雖以論劉向之左氏學爲主，然其論伯姬之說亦頗有見地。其言曰：「然傳文則於伯姬有未足者，以爲文母處此，必能以義制事，惜伯姬之未逮也，若穀梁傳云伯姬之婦道盡矣，則尚非至論也。」

婦也。〔註59〕

按君子論宋共姬女而不婦，乃褒貶相兼之辭也。嘉其能守節故褒之，然不能隨機權變，故責之也。此義劉正浩先生言之甚詳，其言曰：

> 子政此文，盡取《穀梁》義，與左氏稍異。伯姬成九年歸宋，及此凡四十載，其年蓋六十矣。火延其宮，避之未害其貞，而竟守死不回者，固足美矣。然自君子觀之，未盡善也。孟子曰：「可以死，可以無死，死傷勇。」夫豈不義，而孟子言之？是或一道也。《禮》：「男女授受不親。」而嫂溺必援之以手者，權也。若伯姬執義無權為盡善盡美，則叔之援手為害道，嫂之不溺為賊禮也。斯誠所謂舉一而廢百者，有失聖賢制作之心矣。〔註60〕

劉氏引易之恒卦以論之，夫變易乃易之精義之一，若執一而不變，是拘泥不化，焉能行之久遠？

十九、論君子以莒展之不立在於弃人

宋劉敞曰：

> 莒展輿出奔吳，左氏曰：「展輿立而奪群公子秩，公子召去疾於齊，齊納去疾，展輿奔吳。」君子曰：莒展之不立，棄人也。」若是末哉君子之言也，夫展輿親弒其君而不譏，棄人而譏之，是謂棄人重於弒父也。藉使展輿但勿棄人，以濟其不義之身，則固以為賢矣，不亦害天下之教乎！〔註61〕

按劉氏之言似是而實非也，夫展輿弒君之事，已見《左傳》襄公三十年傳文，所謂直書其事，而其過自見也。《左傳》君子評人論事本非事事皆論，固不能因是而非之也。

二十、論君子因書黑肱之名而言春秋善志

宋劉敞云：

> 三十一年，黑肱以濫來奔，左氏曰此推言《春秋》之美，且衛齊豹欲求名而不得，非也。豹挾怨儲憤，發泄為亂耳，本無不畏強禦之名，不畏強禦之名，亦非豹所求也。欲言《春秋》之美，何患無有

〔註59〕同註11，卷第十六。
〔註60〕見劉正浩，《兩漢諸子述左傳考》，頁138。
〔註61〕同註11，卷第六。

而正舉此難信不通之語乎？余謂齊豹作亂，不能不心媿，此正欲蓋
者，非求名者。又曰若艱難其身，以險危大人而有名章徹，攻難之
士將奔走之。予謂設《春秋》書齊豹殺衛侯之兄縶，其貶甚於盜矣。
人亦未肯奔走其名也。〔註62〕

吾人以為，劉敞所論，或未達君子之意。蓋君子所以稱《春秋》善志者，為
其能以書名或不書之方式而懲阻邪惡也，而其言亦甚明白，如邾庶其，莒牟
夷、邾黑肱等人，本不欲顯其名，而《春秋》書之，則後來欲效其行者，皆
歛其心矣。至於衛之齊豹，其殺公孟縶之故，即為求名也，如其內愧於心，
則不為亂矣，是其作亂乃欲成己之名，而《春秋》不書，故無所遂其願，適
足以絕後來者之望也。由此而言之，謂《春秋》善志，能勸善懼淫，不亦樂
乎。

宋王當云：

鄧析察而不惠，辨而無用，其少正卯之徒歟，歂之誅未為過也，古
之亂人所作為後世者多矣。豈以是免其死哉，左氏比之甘棠，非其
倫也。〔註63〕

清王夫之云：

左氏不審，引甘棠之思而為之惜，將古今而更有一舞智導訟之召伯
邪，夫歂之罪在用析之竹刑，而不在殺析，舍其大疚而責其小忍，
則左氏之譏歂，又一歂矣。歂惟不用析之竹刑，則殺析可也。姑弗
殺焉，猶之可也，歂用析之竹刑而殺析，是一析也；歂用析之竹刑
而不殺析，則是析為訟魁，而歂且為析之魁，惡烈於析矣。〔註64〕

觀三家所言，皆不以君子之意為然，並以君子引甘棠之詩擬之，以為比擬不
倫。關於引《詩》之恰當與否，前已論之，此不再重覆。吾人以為君子論此
事之意，乃著重於「勸能」也。夫駟歂用鄧析之竹刑，為其有補於國政，是
鄧析亦有功於國也。今鄧析之罪究竟如何，吾人不得而知；然駟歂既用其竹
刑，雖不能因此而枉法，亦應稍假借之，殺之實過甚矣。用其道而殺其人，
於理或無不合，然由是而絕國人進賢效忠之心，則可謂得不償失，君子所以
責子然者實在於是也。

〔註62〕同註11，卷第七。
〔註63〕同註33，卷第二十八。
〔註64〕見王夫之，《續春秋左氏傳駁議》，卷下〈駟歂殺鄧析〉。

　　綜上所述可知，學者於君子之評論所以懷疑者，或因囿於門戶之見，流於主觀，如劉逢祿；或因僅就單一人事加以批評，未能綜觀全體，故難免有所偏差，如劉敞、趙鵬飛等；由是而言之，「君子曰」亦非「不本於義理之正」〔註65〕者也。

〔註65〕同註18。

第五章 君子之學養

　　《左傳》之君子評論，不獨其褒貶切要，立意深遠，有深入探究之必要。而其評人論事，用語精審典雅，復博引經籍舊志，或引為佐證，或引以闡義，頗為學者所重〔註1〕，故別為專章以敘述之。蓋由其廣徵《詩》、《書》，可知其於經籍沉潛有得；由其評語之詮解精嚴，可見其態度審慎，剖析入微，是皆「君子曰」特出之處，故循此二端以論君子之學養焉。

第一節　徵引經籍

　　《左傳》「君子曰」之評論，其徵引經籍之例甚多，八十五則「君子曰」中，計引《詩》者三十六，引《書》者九，此外引及志者二，史佚、周任者各一。其引自《詩》、《書》者，且有屬於逸詩、逸書者，計各有三則，是保存古籍資料之功亦不可沒也。以下即依《詩》、《書》、舊志之次序分述之。

一、引《詩》

　　茲先將「君子曰」引《詩》之時間、詩句及作用臚列於後，以醒眉目，而後再加以說明。

　　1.隱公元年

　　　　《詩》曰：「孝子不匱，永錫爾類。」——〈大雅‧既醉〉。
按：君子引此詩以論潁考叔能推己之孝心及於鄭莊公也。

〔註1〕如日人小島祐馬撰《左傳引經考證》、近人楊向時先生撰《左傳賦詩引詩考》、奚敏芳撰《左傳賦詩引詩之研究》等，皆是以此為研究對象也。

2. 隱公三年

　　苟有明信，澗谿沼沚之毛，蘋蘩薀藻之菜，筐筥錡釜之器，潢汙行

　　潦之水，可薦於鬼神，可羞於王公。……〈風〉有〈采蘩〉、〈采蘋〉，

　　〈雅〉有〈行葦〉、〈泂酌〉。──〈召南·采蘩〉、〈采蘋〉；〈大雅·

　　行葦〉、〈泂酌〉。

按：君子用〈采蘩〉、〈采蘋〉、〈行葦〉、〈泂酌〉之詩義，謂盟約當秉誠信為

之，若果有明信，則無物之不可用矣。

3. 隱公三年

　　〈商頌〉曰：「殷受命咸宜，百祿是荷。」──〈商頌·玄鳥〉。

按：君子引此詩以論宋宣公之舉措得宜也。

4. 桓公十二年

　　《詩》云：「君子屢盟，亂是用長。」──〈小雅·巧言〉。

按：君子引此詩以證魯、宋之盟雖多，終因無信而不成也。

5. 莊公六年

　　《詩》云：「本枝百世。」──〈大雅·文王〉。

按：君子引此詩以論公子黔牟之不立在於根本不固，由是而知公子洩、公子

職之謀為不度也。

6. 僖公九年

　　《詩》所謂白圭之玷，尚可磨也，斯言之玷，不可為也。──〈大

　　雅·抑〉。

按：君子引此詩以論荀息行不能踐其言。

7. 僖公十二年

　　《詩》曰：「愷悌君子，神所勞矣。」──〈大雅·旱麓〉。

按：君子引此詩以證管仲世祀不絕乃理之必然。

8. 僖公二十年

　　《詩》曰：「豈不夙夜，謂行多露。」──〈召南·行露〉。

按：君子引此詩以論量力而為之意。

9. 僖公二十四年

　　《詩》曰：「彼己之子，不稱其服。」──〈曹風·候人〉。

　　《詩》曰：「自詒伊慼。」──〈小雅·小明〉。

按：君子引此二詩以論服稱其人之意，並論子臧喪命乃咎由自取也。

10. 僖公二十八年

《詩》云：「惠此中國，以綏四方。」——〈大雅·民勞〉。

按：君子引此詩以論晉文公得以敗荊蠻而定中原之故也。

11. 文公二年

《詩》曰：「君子如怒，亂庶遄沮。」——〈小雅·巧言〉。

又曰：「王赫斯怒，爰整其旅。」——〈大雅·皇矣〉。

按：君子引此二詩以證狼瞫所以為君子，在於其能化小勇為大勇也。

12. 文公二年

〈魯頌〉曰：「春秋匪解，享祀不忒，皇皇后帝，皇祖后稷。」——〈魯頌·閟宮〉。

《詩》曰：「問我諸姑，遂及伯姊。」——〈邶風·泉水〉。

按：君子引此二詩，以釋禮以順為正之意也。

13. 文公三年

《詩》曰：「于以采蘩，于沼于沚，于以用之，公侯之事。」——〈召南·采蘩〉。

夙夜匪解，以事一人。——〈大雅·文王有聲〉。

詒厥孫謀，以燕翼子。——〈大雅·烝民〉。

按：君子引此三詩分別論秦穆公之能用賢，孟明之能盡心事主，與子桑之知人。

14. 文公四年

《詩》曰：「畏天之威，于時保之。」——〈周頌·我將〉。

按：君子引此詩以論行事必敬，不敬則將有後患。

15. 文公四年

《詩》云：「惟彼二國，其政不獲，惟此四國，爰究爰度。」——〈大雅·皇矣〉。

按：君子引此詩以論秦穆公能以他國之難而自戒也。

16. 文公六年

《詩》曰：「人之云亡，邦國殄瘁。」——〈大雅·瞻卬〉。

按：君子引此以論秦穆公以賢殉葬，乃社稷之不幸也。

17. **宣公二年**

　　《詩》所謂：「人之無良者。」──〈小雅・白華〉。

按：君子引此以論羊斟之行乃惡之大者也。

18. **宣公十二年**

　　《詩》曰：「亂離瘼矣，爰其適歸。」──〈小雅・四月〉。

按：君子引此詩以論石制之怙亂而行，宜其為人所殺也。

19. **成公二年**

　　《詩》曰：「不解于位，民之攸墍。」──〈大雅・假樂〉。

按：君子引此以論在上位者，必有稱位之德行。由此而論蔡、許之君，行不稱其位，失民所望，故經不書也。

20. **成公八年**

　　《詩》曰：「愷悌君子，遐不作人。」──〈大雅・旱麓〉。

按：君子以此詩以論欒書亦能從善人之策也。

21. **成公九年**

　　《詩》曰：「雖有絲麻，無棄菅蒯。雖有姬姜，無棄蕉萃。凡百君子，莫不代匱。」──逸詩。

按：君子引此詩以論一事一物皆有其用，不可棄而不備也。

22. **襄公二年**

　　《詩》曰：「其為哲人，告之話言，順德之行。」──〈大雅・抑〉。

　　《詩》曰：「為酒為醴，烝畀祖妣，以洽百禮，降福孔偕。」──〈周頌・豐年〉。

按：君子引此二詩，論順理而行，方為哲人也。

23. **襄公三年**

　　《詩》云：「惟其有之，是以似之。」──〈小雅・裳裳者華〉。

按：君子引此詩以論因祁奚全無私心，故能舉薦不避親讎而得宜也。

24. **襄公五年**

　　《詩》曰：「周道挺挺，我心扃扃，講事不令，集人來定。」──逸詩。

按：君子引此詩以論楚共王不省己之失信，而以咎人為非也。

25. 襄公十三年

　　　　其《詩》曰：「儀刑文王，萬邦作孚。」——〈大雅‧文王〉。

　　　　其《詩》曰：「大夫不均，我從事獨賢。」——〈小雅‧北山〉。

按：君子引此二詩以論爲國政者，惟能擇善讓賢，而後可求長治久安也。

26. 襄公十三年

　　　　《詩》曰：不弔昊天，亂靡有定。——〈小雅‧節南山〉。

按：君子引此詩以論吳行不善，故遭敗績也。

27. 襄公十四年

　　　　《詩》曰：「行歸于周，萬民所望。」——〈小雅‧都人士〉。

按：君子引此詩以論忠爲萬民之所仰望者也。

28. 襄公十五年

　　　　《詩》曰：「嗟我懷人，寘彼周行。」——〈周南‧卷耳〉。

按：君子引此詩以論楚之賢人皆能各安其位而盡其才也。

29. 襄公二十二年

　　　　《詩》曰：「慎爾侯度，用戒不虞。」——〈大雅‧抑〉。

按：君子引此詩以釋子張能戒之意也。

30. 襄公二十七年

　　　　彼己之子，邦之司直。——〈鄭風‧羔裘〉。

　　　　何以恤我，我其收之。——逸詩。〔註2〕

按：君子引此二詩，分別論樂喜之守正不阿，及向戌之服善也。

31. 襄公三十年

　　　　《詩》曰：「文王陟降，在帝左右。」——〈大雅‧文王〉。

　　　　又曰：「淑慎爾止，無載爾僞。」——逸詩。

按：君子引此詩以論信之爲用也大，實不可不慎。

32. 昭公元年

　　　　《詩》曰：「無競惟人。」——〈周頌‧烈文〉。

按：君子引此詩以論治國必先得人，而後圖強可也。

〔註2〕 此詩依杜注之意當爲逸詩。然依楊伯峻先生之意，則「何以恤我，我其收之」
　　　　當是〈周頌‧維天之命〉「假以溢我，我其收之」之變文，蓋假可通遐，而遐
　　　　可訓何，其說似亦有理，二說並存可也。

33. 昭公三年

《詩》曰：「君子如祉，亂庶遄矣。」——〈小雅・巧言〉。

按：君子引此詩以論君子秉心爲善，其用亦大矣。

34. 昭公三年

《詩》曰：「人而無禮，胡不遄死。」——〈鄘風・相鼠〉。

按：君子引此詩以論人不可以無禮。

35. 定公九年

靜女之三章，取彤管焉。——〈邶風・靜女〉。

竿旄何以告之。——〈鄘風・竿旄〉。

蔽芾甘棠，勿翦勿伐，召伯所茇。——〈召南・甘棠〉。

按：君子引此三詩以論用其道當思其人也。

36. 定公十年

《詩》曰：「人而無禮，胡不遄死。」——〈鄘風・相鼠〉。

按：君子引此詩以論人不可以無禮，否則必有後殃。

近人論及《左傳》引《詩》，皆析爲條例以明其方術，如楊向時先生論引《詩》之方法有八，其言曰：

春秋之際，摛文對話，多引經典，以爲論據，《左傳》所見尤夥焉。至其引用之方，則或斷章而取義，或摭句以證言，或先引以發其下，或後引以承其上，或意解以申其義，或合引以貫其義，或分句以釋旨，或同文而異事，……。〔註3〕

而奚敏芳則析爲論人、論事、申義、證言四項特色；與用詩之原義，闡發詩義、引詩譬喻、斷章取義四項目的〔註4〕。雖前者係綜合引詩之形式、目的而一併敘述，後者則爲分別說明，其分類皆頗精密，然無論何種方式，移之以論君子引《詩》，亦無不合。如文公二年，君子引〈魯頌・閟宮〉「皇皇后帝，皇祖后稷」句，不用其述僖公奉祀祖先之本義，而據以論禮以順爲正之義，是爲斷章取義也；又如桓公十二年君子引〈小雅・巧言〉「君子屢盟，亂是用長」以論魯、宋之間，雖屢有盟約，然彼此互不信賴，適足以長亂，此則摭句以證言也；至於論人、論事者具見前引詩句後之引文；再如僖公二十四年

〔註3〕參見楊向時先生，《左傳賦詩引詩考》，下篇〈引詩考一〉，「引詩之方法」。

〔註4〕參見奚敏芳，《左傳賦詩引詩之研究》，第二章第一節及第三節。

君子引〈曹風‧侯人〉「彼己之子，不稱其服」以論子臧，則屬先引以發其下；而隱公元年君子引〈大雅‧既醉〉「孝子不匱‧永錫爾類」以美穎考叔，則屬後引以承其上；此外，隱公三年君子引〈召南‧采蘩〉、〈采蘋〉，〈大雅‧行葦〉、〈泂酌〉之詩以論守信之要，則屬合引以貫其義。是知君子之引詩，並非一成不變，乃隨時應用，無所拘滯，而所引詩句之恰如其分，無比擬不倫，文義不諧之處，則君子亦深得《詩經》美刺之旨者也。

二、引《書》

《左傳》君子評論引《書》者有九條，茲亦先臚列於後，再附以說明。

1. 隱公六年

〈商書〉曰：「（惡之易也，）如火之燎于原，不可鄉邇，其猶可撲滅。」——〈商書‧盤庚〉。

按：君子引此以論惡之不可為也。

2. 莊公十四年

〈商書〉所謂（惡之易也，）如火之燎于原，不可鄉邇，其猶可撲滅者。」——〈商書‧盤庚〉。

按：君子引此語之意同上。

3. 僖公二十四年

〈夏書〉曰：「地平天成。」——逸書。

按：君子引此句以釋「稱」之意也。

4. 成公二年

〈大誓〉所謂商兆民離，周十人同者。——〈周書‧大誓〉。〔註5〕

按：君子引此以釋「眾」之意也。

5. 襄公三年

〈商書〉曰：「無偏無黨，王道蕩蕩。」——〈商書‧洪範〉。〔註6〕

〔註5〕此乃櫽括《尚書》之意，其原文當是〈周書‧大誓〉所云：「受有億兆夷人，離心離德，予有亂臣十人，同心同德。」

〔註6〕按〈洪範〉今列於《尚書‧周書》之中，然如楊伯峻先生云：「〈洪範〉，今本《尚書》在〈周書〉，然《左傳》三引〈洪範〉，除此年外，尚有成六年，襄三年，皆曰〈商書〉，是古以〈洪範〉為〈商書〉。」故題為〈商書‧洪範〉也。

按：君子引此以論祁奚之忠心謀國也。

6. 襄公五年

〈夏書〉曰：「成允成功。」——逸書。

按：君子引此以論事無信則不成也。

7. 襄公十三年

《書》曰：「一人有慶，兆民賴之，其寧惟永。」——〈周書·呂刑〉。

按：君子引此以論人若行善，則獲益實無可限量。

8. 襄公二十二年

《書》曰：「惟命不于常。」——〈周書·康誥〉。

按：君子引此以論人惟依義而行，方為長久之道。

9. 哀公十八年

〈夏書〉曰：「官占，惟能蔽志，昆命于元龜。」——逸書。

按：君子引此以論占卜之眞義也。

綜上所引，究其引《書》之作用，不外引證、釋義二端，而觀其引文與所論之人事可謂相得益彰，可知君子引《書》亦非率爾爲之也。

三、引舊志賢人之語

「君子曰」引自舊志賢人之語者共四則，以下即分述之。

1. 隱公六年

周任有言曰：「爲國家者，見惡如農夫之務去草焉，芟夷蘊崇之，絕其本根，勿使能殖，則善者信矣。」

按：君子引此以論陳桓公縱惡之不當。

2. 宣公十二年

史佚所謂毋怙亂者，謂是類也。〔註7〕

按：君子引此以論石制之怙亂爲非也。

3. 襄公四年

志所謂多行無禮，從自及也。

按：君子引此以論季文子之咎由自取也。

〔註 7〕按此係用史佚所言之大意，其言見於《左傳》僖公十五子桑所云：「且史佚有言曰：『無始禍，無怙亂，無重怒。』」蓋用其意也。

4. 哀公十八年

　　　志曰：「聖人不煩卜筮。」

按：君子引此以論惠王能知占卜之眞義也。

　　夫「志」所指爲何，學者多無確論，或如楊伯峻先生所言，「志蓋古書名」〔註8〕。至於史佚，則《左傳》屢見其名〔註9〕，是其人之言論，亦爲時人所熟習傳誦；而周任則學者多以其爲古代之賢人，可知其亦有嘉言流傳後世，爲人所稱也。

　　由《左傳》屢有引經之情形而言，可知其時風氣如此，故君子之博引經書亦習慣使然，然觀其運用自如，無斧鑿之痕，而有畫龍點睛之效，則君子對於經籍亦有深湛之瞭解也。

第二節　詮解謹詳

　　夫論人評事，其用在使人鑑往知來，得以向善去惡，《左傳》「君子曰」之發論，亦肇因於是。而其行文，論斷是非，用語精當，綴文聯章，揮洒流暢，亦非泛泛爲之者可比，茲分述之。

　　綜覽《左傳》之君子評論，其最爲特出之處，即爲用語審愼精當。蓋其評人論事，無論褒貶抑揚，必以一二語詞，概括主旨，而其出語自然順理，莫可改易。此一情形隨處可見，如其論潁考叔純孝，石碏爲純臣，論衛二公子之不度，謂鬻奉愛君，謂邾文公知命，謂羊斟非人，謂鄭公子歸生仁而不武，謂宋恭姬女而不婦等，均能詮析入微，而無厚誣或溢美之失。然此亦非偶然得之，必先對所論之人事有深入完整之觀照，洞曉其間之前因後果，復能盡悉其成敗得失之所由，而後遣詞造句，執簡馭繁，以陳其中心意旨，使人見文知意。若其事意自足，則不再敘述，如論強鉏「不能衛其足」即是；若涉禮義大節，則復爲闡釋，如論「周鄭交質」，論魯逆祀僖公爲非禮，論秦穆公以賢爲殉之失，論《春秋》以書名寓勸善懼淫之意等均是。由此可知，君子之評論人事雖或詳或略，而用心則謹嚴如一。夫見事深入，察微知幾，尤爲難得，蓋必如是，而後可求其斷事評人深中肯綮，無所偏差，此吾人觀君子評論所不可不知者也。

〔註 8〕　參見楊伯峻，《春秋左傳注》，襄公四年注。
〔註 9〕　參見徐復觀先生〈原史〉一文中所引，史佚見於《左傳》者共計八則。

　　次就「君子曰」之文理而論，其文章篇幅長短不一，少則僅止二字，多則二百多言，然其短者簡捷切要，長者多而不煩。質言之，其論述之內容，或引證經籍，或自抒心得。而其行文之方式，或平鋪直敘而層層相扣，緊密有序，如論魯逆祀僖公三事；或出語駢儷而條理井然，如論秦穆公以賢爲殉之事；莫不文采斐然。其它行文順達，辭意懇切者，所在多有，宜乎楊明照先生稱其「造語淵懿，含意精眇」〔註10〕也。

　　夫引述經籍，誠非難事，然求其理歸至當，則非精研有得不能爲之，而論斷人事得失，亦若是焉。觀君子之評述詳愼，可知其亦爲成學達道者也。

〔註10〕參見楊明照，〈春秋左氏傳君子曰微辭〉一文所言。

第六章　結　論

　　本文係就《左傳》「君子曰」之各項問題加以論述，其間或事關資料考證，或涉及義理分析，或需比較參究，故分別章節以敘述之，然猶不免蕪雜拖沓。今論述既竟，茲將有關「君子曰」之種種，綜合歸納，一併說明，庶幾能有一完整之概念。此外，並將本文研究所得縷述於後，以為結論焉。

　　夫「君子曰」者，乃《左傳》本有之評論體例也，此由外在資料之引用，及內在義理之分析均可證明，後來懷疑之論，實難成立。雖其中或有孔子之意，或有時人之論，非全為作者自道，然既經作者整理編排，則視其為一整體，可代表作者之意見，自不為過。吾人如能明瞭作者之意念，則《春秋》與《左傳》之關係，亦可望有所釐清，本文撰作之動機，實在於斯。

　　至於「君子曰」之評人論事，其文章或簡鍊，或詳盡，又廣徵《詩》、《書》、舊志，以為佐證。具見所謂「君子」者，亦學有根柢也。其論事之範圍則頗為廣泛，態度亦甚為嚴謹，舉凡為君之道，為臣之道，為政之道，交鄰國之道，莫不有所評論，而於禮、義、仁、孝諸種修己安人之德行，亦在論述之列。如以傳載其他人之評論相較，其間並無差異，可知「君子曰」並非憑空橫生議論，乃作者有意之安排也。

　　《左傳》敘事記實，條理井然，君子之評論亦若是焉。而後人或因師承不同，或因未加深究，每有責難。觀乎君子之評論，實有一中心理念橫貫其中也。原君子之意，並非僅以褒貶人事為足，其最終之目的，乃欲藉此示人以人生之常道。故其評論，首重心志，苟心志甚善，雖未成事，亦表而稱之，如君子論鄭太子忽；其次則重行道之結果，故雖有合義之舉，如未盡善，亦有所責備，如君子論荀息，論共姬。此所以稱其立場為「與人為善」、「求全

責備」也。明乎此，則知其與孔子之意亦甚相合，而後人之疑難當可渙然冰釋矣。

《左傳》蒐羅宏富，而綱維畢具。循「君子曰」以見其作傳之旨，亦一途也。雖不敢謂《左傳》解經之說由是而成定論，然掃塵撥霧，於《左傳》地位之重建，亦不無補益焉。以下即將研究所得分段敘述之。

一、由「君子曰」知《左傳》乃「事義兼傳」，非僅傳事而不傳義也

民初史學家洪業曾云：

> 《春秋》一經，今附於《公羊》、《穀梁》、《左氏》，三傳以行。經文大同而小異，三本孰得其眞，學者不能無疑。傳文引史釋經，更復彼此離殊、孰得《春秋》著者筆法之眞諦，孰傳哀、隱間兩百四十餘年實事之眞相，又成千古疑案。二千年來，學者抑揚異致，取捨不同，駁辯既烈，轉益紛拏矣。〔註1〕

其言三傳與《春秋》之關係甚確。歷來治《春秋》者，考史實則取《左傳》，論微言則取《公》、《穀》，是以事義二者，《春秋》兼具，特《左傳》與《公》《穀》各得其一也，觀趙匡、葉夢得、趙汸之言可知矣〔註2〕。然則，《左傳》果不具義乎？平心而論，似尚有斟酌餘地也。如日人本田成之云：

> 例如說：左氏詳述事實不傳理義，然左氏底事實仍然有左氏一流的理義記載者，其理義是合理的與否，直接與事實有著密切的關係的。〔註3〕

夫《左傳》所記，有事有評，評論形式有三，而「君子曰」乃作者特設之體例，前文已屢言之矣。其藉「君子」以發論者，即所以明理闡義，是知《左傳》著述之旨，實在於借事論理，以理斷事。由是而言之，謂《左傳》「事義

〔註1〕 見洪業，《春秋經傳引得・序》。
〔註2〕 唐・陸淳，《春秋集傳纂例》，趙氏（匡）損益例云：「左氏解經，淺於公穀；公穀守經，左氏通史。」而宋・葉夢得《春秋傳・自序》云：「左氏傳事不傳義，是以詳於史，而事未必實；公穀傳義不傳事，是以詳於經，而義未必當。」至於明・趙汸《春秋左氏傳補注・自序》云：「《左傳》於二百四十二年事變，略具始終，其事與文，庶乎有考矣。其失在不知以筆削見義；《公羊》、《穀梁》以書不書發義，不知其文之則史也。」
〔註3〕 見本田成之，《中國經學史》，第二章〈經學內容底成立〉，第三節〈春秋傳底興起〉，頁73。

兼傳」，誠不爲過。

二、由《左傳》「君子曰」之評論立場，或可推定其成書時期不在　戰國後期也

吾人已知「君子曰」之評論立場有二：曰懲惡勸善，曰求全責備。由此或可得知《左傳》之著成時代未晚於戰國也，此與其時代背景有關，試詳論之。

蓋周朝自平王東遷，王室已弱，然以東周前期之春秋與後期之戰國相較，其間仍有不同，顧炎武言之甚詳，其言曰：

> 如春秋時，猶尊禮重信，而七國則絕不言禮與信矣；春秋時猶宗周王，而七國則絕不言王矣；春秋時猶嚴祭祀，重聘享，而七國則無其事矣；春秋時猶論宗姓氏族，而七國則無一言及之矣；春秋時猶宴會賦詩，而七國則不聞矣；春秋時猶有赴告策書，而七國則無有矣；邦無定交，士無定主，此皆變於一百三十三年之間。〔註4〕

由此可知，春秋時代雖非西周盛世，然前代遺風餘韻，猶未盡泯。是以悖禮亂義，篡弑僭逆者有之，守禮蹈義，忠貞篤實者亦有之。如宋向戍以弭兵爲高，而樂喜引先王之道以責之（見襄公二十七年）；鄭子產鑄刑書欲以救世，而晉叔向亦引先王之道以責之（見昭公六年），是知文武之道，未盡墜於地也。然而時移世變，亦有沉淪已極，莫能救者，君子生之當世，其事不遠，欲撥亂反正，首辨是非，故褒善貶惡，示人以是非善惡之分；次則詳論禮義之眞諦，使人知所遵循，且能取法乎上也。蓋仁風義行，時或可聞，非同於戰國末葉，世衰道熄，唯力是視，故《左傳》君子所論如是也，由此可知其時代未晚於戰國也。此外，日人本田成之比較《左傳》與《公》《穀》之思想，亦有類似之結論，其言曰：

> 而所謂正大義名分筆誅亂臣賊子的事左氏雖也有，但其思想甚自由，「彼善於此」的程度無論如何也是亂世的道德。反之，《公》《穀》二傳，與孔子底思想稍異。畢竟是從後世的嚴正經學的立場而發論的。照這點看來，左氏最古，至少是離孟子不遠的戰國時代發生的，《公羊》《穀梁》是秦漢以後發生的，可以斷定了。〔註5〕

〔註 4〕見顧炎武，《日知錄》，卷十三〈周末風俗〉。
〔註 5〕同註3，頁80。

所謂「亂世的道德」，或即指君子言論之義理，雖其論《左傳》思想者猶有商榷餘地，然其推論亦不無道理。由是而言之，《左傳》之撰成年代或無疑義矣。

三、由「君子曰」所論與孔子相合，可知《左傳》亦爲解經之作也

學者治《春秋》，引三傳以解經，其論《公羊》、《穀梁》，雖評價有異，然於是否解經，則均無異辭也。至於《左傳》，則此是彼非，未有定論。疑之者，論其作者、時代、內容，幾至無一不疑，然求其辭順理當者，亦鮮矣；信之者，或言史事，或論傳例，期能由是而得其解經之證，則爭論可平。然經傳此有彼無，不能一致，而傳例究竟如何，亦未可知，論之者雖然能成理，欲求釋疑定讞，終有未安。今吾人論「君子曰」，已知其具有言外之義，且此義與孔子所論相合，則於辨《左傳》是否爲解經之疑，似亦有所助益也。

四、由「君子曰」之體例，可知《左傳》於孔子「寓經於史」之義亦有所發揚

孔子作《春秋》，揆其初衷，固不在於傳述史實也，乃欲藉褒貶史實以著明常道，就此一使命而言，已非狹義之史學所能涵蓋，而此亦爲中國傳統史學之特質，清儒章學誠論之甚詳，其言曰：

> 章子曰：「史之大原，本乎《春秋》。《春秋》之義，昭乎筆削。筆削之義，不僅事具始末，文成規矩已也；以夫子義則竊取之旨觀之，固將綱紀天人，推明大道，所以通古今之變而成一家之言者，必有詳人之所略，異人之所同，重人之所輕，而忽人之所謹，繩墨之所不可得而拘，類例之所不可得而泥，而後微茫杪忽之際，有以獨斷於一心。及其書之成也，自然可以參天地而質鬼神，契前修而俟後聖，此家學之所以可貴也。……」〔註6〕

其論孔子撰述之旨頗爲詳明，雖然依余英時先生之意，孔子作《春秋》之動機，非自爲創發，乃前有所本〔註7〕。然而余、章二氏亦皆肯定「《春秋》爲

〔註6〕 見章學誠，《文史通義》，卷五〈答客問上〉。

〔註7〕 余英時，〈章實齋與柯靈烏的歷史思想〉一文中曾論及此義，其言曰：「孔子自己就曾說過：『董狐古之良史也，書法不隱。』我們由此可見，孔子雖爲私家修史之第一人，但他並非褒貶史法的眞正創始人，而是繼承了古代史官的成規。」見余英時《歷史與思想》，頁177。

史學之開山，孔子是中國第一個史學家。」〔註8〕由此可知，孔子脩《春秋》，
其意義何其重大，影響何其深遠。吾人亦可瞭解，無論從思想之遞嬗，或就
時間之繼續而言，《左傳》實居於承先啓後之地位。易言之，《左傳》之作，
或即基於此一意識而成。此可由其傳中君子論《春秋》之言得以證明。而後
來之史家，其撰述之動機固得自於孔子，而褒貶之立場、形式，則《左傳》
亦與有影響焉。以此論之，《左傳》翼贊聖人之功，亦不可沒矣。

〔註 8〕同註七，頁 178。

附錄：《左傳》「君子曰」、「仲尼曰」簡表

	時　間	形　式	摘　　要	備　　註
1	隱公元年	君子曰	論穎考叔純孝	引《詩》
2	隱公二年	君子曰	論周鄭交質	引《詩》
3	隱公三年	君子曰	論宋宣公知人	引《詩》
4	隱公四年	君子曰	論石碏大義滅親	
5	隱公五年	君子曰	論燕人不備不虞	
6	隱公六年	君子曰	論陳桓公長惡	引《書》、引周任
7	隱公十年	君子謂	論鄭莊公不貪宋地為正	
8	隱公十一年	君子謂	論鄭莊公存許為有禮	
9	隱公十一年	君子謂	論鄭莊公詛射穎考叔者為失政刑	
10	隱公十一年	君子是以知	論周桓王失鄭	
11	隱公十一年	君子是以知	論息將亡	
12	桓公二年	君子以……為	論華督有無君之心	引《詩》
13	桓公六年	君子曰	論鄭大子忽善自為謀	
14	桓公十二年	君子曰	論宋盟而不信	引《詩》
15	桓公十七年	君子謂	論鄭昭公知所惡	
16	莊公六年	君子以……為	論公子洩公子職立黔牟為不度	引《詩》
17	莊公八年	君子是以善	論魯莊公能脩德	
18	莊公十四年	君子曰	論蔡哀侯招惡	引《書》

19	莊公十六年	君子謂	論強鉏咎由自取	
20	莊公十九年	君子曰	論鬻拳愛君	
（1）	莊公二十二年	君子曰		間接引述
21	僖公元年	君子以⋯⋯爲	論齊人殺哀姜爲已甚	
22	僖公九年	君子曰	論荀息食言	引《詩》
23	僖公十二年	君子曰	論管仲有禮	引《詩》
24	僖公二十年	君子曰	論隨不量力	引《詩》
25	僖公二十二年	君子曰	論楚成王無禮	
26	僖公二十四年	君子曰	論子臧咎由自取	引《詩》、引《書》
27	僖公二十八年	君子謂	論踐土之盟爲信且晉能以德勝敵	
28	僖公二十八年	君子謂	論晉文公能刑	引《詩》
一	僖公二十八年	仲尼曰	論天王狩于河陽	
29	文公元年	君子以爲	論衛國越國而謀爲古	
30	文公二年	君子謂	論狼瞫爲君子	引《詩》
31	文公二年	君子以爲	論逆祀僖公爲失禮	引《詩》
（2）	文公二年	君子曰	間接引述	
（3）	文公二年	君子曰	間接引述	
二	文公二年	仲尼曰	論臧文仲不知仁	
32	文公三年	君子是以知	論秦穆公善爲君	引《詩》
33	文公四年	君子是以知	論出姜不允於魯	引《詩》
34	文公四年	君子曰	論秦穆公能戒懼	引《詩》
35	文公六年	君子曰	論秦穆公以三良爲殉	引《詩》
36	文公六年	君子是以知	論秦不復東征	
37	文公十三年	君子曰	論邾文公知命	
38	宣公二年	君子曰	論狂狡失禮	
39	宣公二年	君子謂	論羊斟非人	引《詩》
三	宣公二年	孔子曰	論趙盾弒晉靈公	
40	宣公四年	君子曰	論公子歸生仁而不武	

四	宣公九年	孔子曰	論洩冶諫君而死	引《詩》
41	宣公十二年	君子曰	論石制怙亂	引《詩》、引史佚
42	宣公十三年	君子曰	論宋以信免難	
43	宣公十三年	君子曰	論先穀咎由自取	
五	成公二年	仲尼聞之曰	論名器不可假人	
44	成公二年	君子謂	論華元樂舉不臣	
45	成公二年	君子曰	論諸侯失位	引《詩》
46	成公二年	君子曰	論眾之不可已	引《書》
47	成公七年	君子曰	論季文子知懼	
48	成公八年	君子曰	論欒書從善如流	引《詩》
49	成公九年	君子曰	論莒恃陋爲大罪	引《詩》
50	成公十年	君子曰	論叔禽叔申所忠非人	
51	成公十四年	君子曰	論春秋微言大義	
52	成公十八年	君子謂	論晉有禮	
53	襄公二年	君子是以知	論齊靈公諡應其行	
54	襄公二年	君子曰	論季文子非禮	引《詩》
55	襄公三年	君子謂	論子重失算	引《詩》、引《書》
56	襄公三年	君子謂	論祁奚能舉善	
57	襄公四年	君子曰	論季文子無禮	引志
58	襄公五年	君子謂	論楚共王不刑	引《詩》、引《書》
59	襄公五年	君子是以知	論季文子不忠於公室	
60	襄公八年	君子以爲	論范宣子知禮	
61	襄公十三年	君子曰	論范宣子能讓	引《詩》、引《書》
62	襄公十三年	君子以……爲……	論吳伐喪爲不弔	引《詩》
（4）	襄公十四年	君子曰		間接引述
63	襄公十四年	君子謂	論子囊爲忠	引《詩》
64	襄公十五年	君子謂	論楚能官人	引《詩》
65	襄公二十二年	君子曰	論公孫黑肱善戒	引《詩》
66	襄公二十三年	君子謂	論慶氏不義	引《書》
六	襄公二十三	仲尼曰	論臧武仲不恕	引《書》

	年			
七	襄公二十五年	仲尼曰	論文辭不用	引志
67	襄公二十六年	君子曰	論鄭善事大國	
68	襄公二十六年	君子是以知	論晉平公失政	
八	襄公二十七年	仲尼……以爲	論弭兵之禮多文辭	
69	襄公二十七年	君子曰	論樂喜、向戌	引《詩》
70	襄公三十年	君子是以知	論鄭難不已	
71	襄公三十年	君子謂	論共姬女不婦	
72	襄公三十年	君子曰	論澶淵之會無信	引《詩》
73	襄公三十一年	君子是以知	論魯昭公不能終	
九	襄公三十一年	仲尼……曰	論子產行仁	
74	昭公元年	君子曰	論莒展輿人弃人	引《詩》
75	昭公三年	君子曰	論晏子仁心	引《詩》
76	昭公三年	君子曰	論伯石有禮	引《詩》
（5）	昭公三年	君子曰		間接引述
77	昭公四年	君子謂	論合左師、子產善於禮	
78	昭公五年	君子謂	論叔侯知禮	
十	昭公七年	仲尼曰	論孟僖子能補過	引《詩》
79	昭公十二年	君子謂	論子產知禮	
十一	昭公十二年	仲尼曰	論楚靈王不能克己	引志
十二	昭公十三年	仲尼謂	論子產能爲國之基	引《詩》
十三	昭公十四年	仲尼曰	論叔向秉直行義	
十四	昭公十七年	仲尼聞之……曰	論學術散失	
80	昭公十八年	君子是以知	論陳、許先亡	
81	昭公十九年	君子曰	論許大子止弒君	
十五	昭公二十年	仲尼曰	論宗魯不義	
十六	昭公二十年	仲尼曰	論守道不如守官	

十七	昭公二十年	仲尼曰	論爲政之道	引《詩》
十八	昭公二十年	仲尼聞之……曰	悼子產之亡	
十九	昭公二十八年	仲尼聞……曰	論魏舒爲義	引《詩》
二十	昭公二十九年	仲尼曰	論晉鑄刑書不當	
82	昭公三十一年	君子曰	論《春秋》微顯婉辨	
83	定公九年	君子謂	論子然不忠	引《詩》
84	定公十年	君子曰	論涉佗無禮	引《詩》
二十一	定公十五年	仲尼曰	論子貢多言	
二十二	哀公六年	孔子曰	論楚昭王知大道	引《書》
85	哀公十八年	君子曰	論楚惠王知志	引《書》、引志

參考書目

一、經　部

1. 《十三經注疏》。
2. 《五經讀本》。
3. 唐・陸淳撰，《春秋啖趙集傳纂例》（收於經苑內）。
4. 宋・劉敞撰，《春秋權衡》（收於通志堂經解內）。
5. 宋・劉敞撰，《春秋劉氏傳》（收於通志堂經解內）。
6. 宋・趙鵬飛撰，《春秋經筌》（收於通志堂經解內）。
7. 宋・王當撰，《春秋臣傳》（收於通志堂經解內）。
8. 宋・呂祖謙撰，《東萊博議》。
9. 元・吳澄撰，《春秋纂言》（四庫全書第一五九冊）。
10. 元・趙汸撰，《春秋左氏傳補注》（收於通志堂經解內）。
11. 明・王夫之撰，《續春秋左氏傳博議》。
12. 清・馬驌撰，《左傳事緯》。
13. 清・顧棟高撰，《春秋大事表》。
14. 清・韓菼撰，《評點左傳句解》。
15. 清・鍾文烝撰，《穀梁補注》。
16. 清・劉逢祿撰，《左氏春秋考證》（收於皇清經解內）。
17. 清・陳立撰，《公羊義疏》。
18. 清・劉文淇撰，《春秋左氏傳舊注疏證》。
19. 民國・劉師培撰，《讀左劄記》（收於劉申叔先生遺書內）。
20. 民國・劉師培撰，《春秋左氏傳答問》（收於劉申叔先生遺書內）。

21. 民國・章太炎撰,《春秋左傳讀》。
22. 民國・章太炎撰,《春秋左傳讀敍錄》(收於章氏叢書內)。
23. 民國・章太炎撰,《鐂子政左氏說》(收於章氏叢書內)。
24. 民國・章太炎撰,《春秋左氏疑義答問》(收於章氏叢書內)。
25. 民國・方孝岳撰,《左傳通論》。
26. 民國・韓席籌撰,《左傳分國集注》。
27. 民國・劉正浩撰,《周秦諸子述左傳考》。
28. 民國・劉正浩撰,《兩漢諸子述左傳考》。
29. 民國・楊向時撰,《左傳賦詩引詩考》。
30. 民國・李宗侗註譯,《春秋左傳今註今譯》。
31. 《左傳論文集》。
32. 民國・楊伯峻著,《春秋左傳注》。
33. 民國・沈玉成譯,《左傳譯文》。
34. 民國・傅隸樸撰,《春秋三傳比義》。
35. 民國・劉正浩撰,《左傳導讀》(收於國學導讀叢編內)。
36. 民國・張高評撰,《左傳導讀》。
37. 民國・朱守亮撰,《詩經評釋》。
38. 日本・竹添光鴻撰,《左傳會箋》。
39. 日本・小島祐馬撰,《左傳引經考證》(收於先秦經籍考內)。
40. 日本・本田成之撰,《中國經學史》。

二、史 部

1. 《國語》。
2. 漢・司馬遷撰、日本・瀧川龜太郎撰,《史記會注考證》。
3. 漢・劉向撰,《列女傳》。
4. 漢・班固撰,《漢書》。
5. 唐・李延壽撰,《北史》。
6. 唐・劉知幾撰,清・浦起龍釋,《史通通釋》。
7. 清・馬驌撰,《繹史》。
8. 清・章學誠撰,《文史通義》。
9. 民國・梁啓超撰,《中國歷史研究法》。
10. 民國・柳詒徵撰,《中國文化史》。
11. 民國・鄭鶴聲撰,《中國史部目錄學》。

12. 民國・徐復觀撰，《兩漢思想史》。
13. 民國・余英時撰，《歷史與思想》。
14. 民國・屈萬里撰，《先秦文史資料考辨》。

三、子　部

1. 周・晏嬰撰，《晏子春秋》。
2. 韓・韓非撰，《韓非子》。
3. 宋・朱熹撰，《朱子語類》。

四、集　部

1. 清・嚴可均輯，《全上古三代秦漢三國六朝文》。

五、筆　記

1. 清・顧炎武撰，《日知錄》。

六、工具書

1. 清・永瑢、紀昀等撰，《四庫全書總目》。
2. 《春秋經傳引得》。
3. 民國・程發軔編，《六十年來之國學》。

七、論　文

1. 楊向奎，〈論左傳「君子曰」〉，《文瀾學報》二卷一號。
2. 楊明照，〈春秋左氏傳君子曰微辭〉，《文學年報》三期。
3. 張以仁，〈關於左傳「君子曰」的一些問題〉，《孔孟月刊》第三卷第三期。
4. 鄭良樹，〈論左傳「君子曰」非後人所附益〉，《書目季刊》第八卷第二期。
5. 鄭良樹，〈再論左傳「君子曰」非後人所附益〉，《國立中央圖書館館刊》新八卷第二期。
6. 奚敏芳，〈左傳賦詩引詩之研究〉，《師大碩士論文》。

附錄一：《左傳》「趙盾弒其君」解

壹、前　言

　　魯宣公二年九月乙丑，晉靈公被弒，此事《春秋》記為「晉趙盾弒其君夷皋」，而根據《左傳》所載，則弒君者實乃趙穿而非趙盾。由於經傳異辭，已不免啟人疑竇，而《傳》文又引述孔子之言，先稱趙盾乃「為法受惡」，繼而謂趙盾「越竟乃免」，似有為其開脫之意，於是趙盾於靈公被弒一事中究竟應負何等責任，遂成為歷代學者所討論之焦點，紛紛各抒所見，議論多方而莫衷一是。觀乎學者之論，問題之中心自為趙盾與趙穿二人於弒君一事中各有何責任，而其切入之角度，則為趙盾與趙穿之關係，靈公與趙盾之關係，亦有學者自分析趙盾、趙穿、靈公之性格入手，從而有所判斷；至學者所據以討論之資料，則自文公六年趙盾為政始，以迄宣公二年靈公被弒，其間相關之史事。然歷來學者所論固已詳矣，惟於趙盾回答董狐責其「亡不越竟，反不討賊」之語，所謂「烏呼！『我之懷矣，自詒伊慼』，其我之謂矣！」鮮有討論及之者，然而吾人以為，若仔細分辨其文意，當可知此語頗能反映當趙盾已知靈公被弒，且董狐直指其弒君時之心境，而趙盾何以「亡不越竟，反不討賊」？又何以甘受弒君之名？似皆可由此語中尋得解釋，故本文以此為討論之主題。以下先敘述前賢對趙盾弒君一事之看法，分為靈公與趙盾之關係、趙盾與趙穿之關係、趙盾之罪責等三項；而後再析論董狐與趙盾之對話與孔子評論之語各有何涵意，最後則為結論。

貳、前賢之見解

　　前賢有關趙盾弒君一事之議論甚多，歸納其重點，可分為三項，以下即分項摘錄前賢之意見，並作說明。

一、論靈公與趙盾之君臣關係者

宋朝孫覺論靈公與趙盾之關係云：

> 夫趙盾之為大夫於晉，其執政之久且專如此，靈公無道而欲殺盾者數矣。族人弒君而盾反不討，又與之並立於朝，然則弒君者誰與？盾也。〔註1〕

而家鉉翁則著眼於襄公託孤云：

> 初，晉襄將終，託其孤於趙盾，曰：「此子也才，吾受子之賜；不才，吾惟子之怨。」其屬於盾者為何如？盾乃與諸大夫共謀求君於秦，已而復自變其初說，禦秦兵而立靈公，盾謂晉靈德已，不知其反以為憾也。於是君臣相疑，交相為備，堂上之甲方興，桃園之攻隨至，彼靈固已在趙氏置網之內，雖欲無亡，得乎？愚謂趙氏所以謀其君者，非一朝一夕之故矣。〔註2〕

至於元代之吳澄係針對靈公不堪趙盾之專而發論云：

> 趙盾專晉國之政，幾二十年，境內境外，知有盾而不知有靈公；公既長，不堪其專，遂欲殺盾，提彌明扶盾出走，明既搏殺公獒，又與公徒鬥而死，則盾之私屬與公徒敵，無復有臣禮矣。靈輒內叛，倒戟以禦內兵，故盾得幸免。然君臣既為仇敵，非盾弒公，則公殺盾，勢固不兩立也。〔註3〕

明朝高攀龍承前人之說，並謂趙盾本不欲立靈公，其言曰：

> 靈公之立，本非盾意，及專國政，國不知君；靈公不堪，故欲殺盾。觀靈輒內叛，提明格鬥，無復臣禮矣。堂上之甲方興，桃園之攻隨至，及其反國，非獨置賊不討，反使往逆新君，則盾之為弒，又誰掩乎？〔註4〕

清朱鶴齡則分析臣子進諫國君之道云：

> 趙宣子當國輔幼君，不為之置賢師傅，及有過，而爭之于口舌之間。

〔註1〕 〔宋〕孫覺：《孫氏春秋經解》（臺北：臺灣商務印書館，1986年《景印文淵閣四庫全書》經部第141冊）卷8，頁147～175，176。

〔註2〕 〔宋〕家鉉翁：《春秋集傳詳說》（臺北：大通書局，1972年《通志堂經解》第24冊）卷15，頁13618。

〔註3〕 〔元〕吳澄：《春秋纂言》（臺北：臺灣商務印書館，1986年《景印文淵閣四庫全書》經部第153冊）卷7，頁159～574。

〔註4〕 〔明〕高攀龍：《春秋孔義》（臺北：臺灣商務印書館，1986年《景印文淵閣四庫全書》經部第164冊）卷7，頁170～71。

此宣子之失也。況進諫之道，有直，有微，有諷，有譎。今不能盡
其術，而徒以強諫求勝其君，雖中主，猶難堪之，況靈公乎，其不
入宜矣！〔註5〕

而馬驌則綜論趙盾事君不遜云：

靈爲不道，鬥挈膳宰，其行事誠不足以爲人君。雖然，豈天性哉？
君在襁褓，未聞誨訓；盾秉國政，霸業以衰。楚人曰：「北方可圖。」
鄭人曰：「晉不足與。」非盾罪乎？族子得兵，先樹黨與，君既不仁，
臣又不遜，至禍成伏甲而踆犬絕領：曰：「君之獒，不如臣之獒也。
豈人臣禮哉？〔註6〕

按上列各家之說中，孫氏之結論雖未必即爲事實，然所論尚可謂之平允。至
家鉉翁所謂「盾謂晉靈德已，不知其反以爲憾也。於是君臣相疑，交相爲
備，……，愚謂趙氏所以謀其君者，非一朝一夕故也」，難以徵實，未免推論
太過。而吳澄、高攀龍、馬驌等皆以趙盾無禮於靈公之前爲不臣之甚，然觀
夫《左傳》所載，趙盾顯然並不知靈公使鉏麑賊己之事，待靈公伏甲攻之，
趙盾方才了解靈公有害己之心，然則驚詫之下而以「棄人用犬，雖猛何爲」
語靈公，實其來有自，且「棄人用犬」亦有責靈公不納諫言之意，然是否能
由此即推論趙盾有弑君之心，如吳澄所謂「然君臣既爲仇敵，非盾弑公，則
公殺盾，勢固不兩立也」，恐亦未必然也。至於朱鶴齡以進諫之道立論，則頗
有助於吾人了解趙盾諫君之得失。

二、論趙盾與趙穿之關係

關於前人之論趙盾與趙穿之關係者，茲舉孫覺、吳澄、邵寶三家之論，
以見其大要。孫覺云：

若盾者，蓋陰弑其君而陽逃其迹，實行其計而穿受其名者也。盾執政
之久，其賢聞於國人，而靈公無道，滋欲殺之。盾出奔未遠，而其族
人乘國人之不悅而弑之，盾反討賊，猶未免也，況不討乎？〔註7〕

吳澄云：

〔註5〕〔清〕朱鶴齡：《讀左日鈔》（臺北：臺灣商務印書館，1986 年《景印文淵閣
四庫全書》經部第 169 冊）卷4，頁 175～76。

〔註6〕〔清〕馬驌：《左傳事緯》（臺北：臺灣商務印書館，1986 年《景印文淵閣四
庫全書》經部第 169 冊）卷四，頁 175～351。

〔註7〕同註1，頁 147～176。

穿，盾之族子，平日所愛信之人也。弒公而盾乃復，穿之弒，爲盾
弒也；盾爲首惡，穿特承意行事者爾。〔註8〕

邵寶云：

穿知有盾而不知有君，雖無令甚于有令也。蓋盾之專久矣，靈公之
立，非盾意也，鞅鞅非少主臣，盾宜有之，穿從其意而行大事，以
爲盾必不我討也，不然，則穿也烏乎敢？〔註9〕

觀夫三家之論，皆以爲趙穿對趙盾言聽計從，故而推測趙穿之弒靈公，乃出
於趙盾之指使，然而吾人由《左傳》之記載可知，趙盾亦未必能使趙穿聽命
而行，如《左傳》文公十二年秦，晉戰於河曲時，士會論趙穿之言曰：

趙有側室曰穿，晉君之婿也，有寵而弱，不在軍事，好勇而狂。

〔註10〕

按此處僅言「有寵」，意謂得趙盾之寵，然趙穿是否即因此而聽從趙盾之命，
是又不然，河曲之戰時，趙穿曾兩次獨斷而行，而使晉軍之作戰計畫受到干
擾，倘若趙盾能使趙穿聽命，事情當不致如此發展，由此可知，吳澄、邵寶
之言皆有難以自圓其說之處。

三、專論趙盾之罪者

關於前人之專論趙盾之罪者，略舉數家之論如下，唐趙匡曰：

左氏云：「仲尼曰：『惜也！越竟乃免。』」案：董狐云：「亡不越竟」，
言行未遠而君被弒，反又不討賊，狀涉同謀爾，非謂越竟即無罪也。

〔註11〕

宋劉敞云：

左氏敘孔子之言曰：「惜也，越竟乃免」非也，君臣之際，當以義爲
斷，使盾遂去晉國，雖未越竟，不能討賊，非其責也。今盾還爲大
夫，雖以越竟，苟不能討賊，此則罪矣。然則盾之免與不免，在乎
討與不討，而不在越與不越也。〔註12〕

〔註 8〕 同註3。
〔註 9〕 〔清〕朱鶴齡：《讀左日鈔》（臺北：臺灣商務印書館，1986 年《景印文淵閣
四庫全書》經部第 169 冊）卷 4 引，頁 175～77。
〔註 10〕 〔晉〕杜預：《春秋經傳集解》（臺北：新興書局，1981 年）頁 140。
〔註 11〕 〔唐〕陸淳：《春秋集傳辨疑》（臺北：臺灣商務印書館，1986 年《景印文淵
閣四庫全書》經部第 140 冊）卷 8 引，頁 146～659。
〔註 12〕 〔宋〕劉敞：《春秋權衡》（臺北：大通書局，1972 年《通志堂經解》第 19

呂祖謙云：

> 趙盾弒其君，太史既如此書，諸侯之國史皆從晉史如此書。然當時趙盾亦不爲無意，使盾無意時，反必討賊可也，焉可復使趙穿迎公子黑臀於周？〔註13〕

清徐庭垣云：

> 弒靈公者趙穿，而書趙盾者，以盾爲正卿，亡不越竟，反不討賊，故太史斷其罪歸于盾也。《傳》稱孔子曰：「趙宣子，古之良大夫也，爲法受惡，惜也，越竟乃免。」夫所謂越竟者，乃亡而不反之謂，非謂越竟而反，遂可不討賊也。〔註14〕

張自超云：

> 盾專國無君，弄晉靈于掌股之間，而又任穿爲卿，以樹逆黨，穿既弒靈，而又使穿逆黑臀爲君，其爲使穿弒何疑，而猶以討穿責之耶？
>
> 〔註15〕

按諸家所論，皆據董狐所問於趙盾之「亡不越竟，反不討賊」，與孔子之「惜也，越竟乃免」而引申發揮，其中趙匡所謂「狀涉同謀」，語氣猶有所保留；而劉敞則逕以不討賊定其罪；呂祖謙則以「使盾無意時，反必討賊可也」推論趙盾有弒君之意；至張自超則引證歷歷，而以「其爲使穿弒何疑」定其罪。諸家之言或皆能自圓其說，惟若連綴趙盾所言之「烏呼！『我之懷矣，自詒伊慼。』其我之謂矣。」合而觀之，論其情境，究其語意，則可知趙盾是否有弒君之意猶未能輕易論斷也，以下即詳爲分析之。

參、董狐、趙盾、孔子之語析論

吾人由上引各家之論可知，前賢所論各有其所見，然或所論者難以徵實，又或非全合史實，未免理過於實；而尤可注意者，乃在於對趙盾回答董狐之語，竟無一語及之。個人以爲，趙盾此言發於靈公已逝而史官見責之時，應可視爲其當下心境之寫照，若細加推究，當有助於吾人了解趙盾之心情，惟

　　　冊）卷5，頁11011。

〔註13〕〔宋〕呂祖謙：《左氏傳續說》（臺北：臺灣商務印書館，1986年《景印文淵閣四庫全書》經部第146冊）卷7，頁152～215。

〔註14〕〔清〕徐庭垣：《春秋管窺》（臺北：臺灣商務印書館，1986年《景印文淵閣四庫全書》經部第170冊）卷7，頁176～775。

〔註15〕〔清〕張自超：《春秋宗朱辨義》（臺北：臺灣商務印書館，1986年《景印文淵閣四庫全書》經部第172冊）卷7，頁178～154。

趙盾此語乃回答董狐之質問，爲求能完整呈現當時之情境，以下先引述《左傳》傳文，而後再分析討論之。《左傳》宣公二年：

> 乙丑，趙穿殺靈公於桃園，宣子未出山而復。

> 大史書曰：「趙盾弒其君。」以示於朝，宣子曰：「不然！」對曰：「子爲正卿，亡不越竟，反不討賊，非子而誰？」宣子曰：「烏呼！『我之懷矣，自詒伊慼。』其我之謂矣。」孔子曰：「董狐，古之良史也，書法不隱。趙宣子，古之良大夫也，爲法受惡；惜也，越竟乃免。」

〔註16〕

《左傳》此節記載，依其內容可分爲三段，首先關於靈公被弒之經過，無論事發日期、加害者、被害者、事發地點及相關眾人之行動皆清楚紀載；其次關於董狐與趙盾之對話，誠可謂有聞必錄，如在目前；再次則引述孔子評論董狐與趙盾之語，以作爲此一事件之結束。以下即先分析董狐與趙盾對話之心境與語意，再討論趙盾引以自況之「我之懷矣，自詒伊慼」應如何解釋，而後再討論孔子所言之意。

一、趙盾與董狐對話之情境

關於趙盾與董狐對話當時之心情，根據前引之《傳》文分析可知，當趙盾得見董狐所書之語後，其反應爲斷然否認之「不然」。蓋依趙盾之意，當是以爲就事實而言，靈公既非趙盾所弒，又非由趙盾指使趙穿爲之，是董狐絕無理由如此記載。然當董狐義正辭嚴，提出「亡不越竟，反不討賊」兩點加以質問之後，趙盾即爲之語塞，因董狐記載此事之原則係追究眞正應負責者；易言之，依董狐之意，動手弒君者，固有應得之罪名，然而有討賊之責者，亦不應置身事外，若坐視弒君賊逍遙法外，將不免落人口實，引人非議；如今趙盾應討賊而不討，實於臣節有虧，故以弒君之名加之；而趙盾若確未指使趙穿弒君，自應承前言「不然」之語氣嚴詞否認或辯解。然此時趙盾之回答則頗耐人尋味，蓋「烏呼！『我之懷矣，自詒伊慼。』其我之謂矣。」云云，其意並非否認董狐之質問，亦非辯解何以不討賊，乃由前一答語，斬釘截鐵之「不然」，轉而爲有自傷自悔之意之「烏呼」。此種轉變，自認定趙盾弒君者觀之，自可解釋爲已知無可抵賴後之心情；但若趙盾對靈公之弒，事前一無所知，則何以有如此之轉變？吾人以爲，董狐之質問，單就「亡不越

〔註16〕同註10，頁152。

竟，反不討賊」而言，趙盾自是難以置辯；然若與董狐先加趙盾以「弒君」之名合觀，則可知董狐之真意乃謂趙盾應爲靈公之死負責；所謂「負責」也者，非謂其親手弒君，亦非謂其應討弒君之賊，乃追溯自靈公繼襄公爲君時，以迄十四年後靈公被弒，其間趙盾之種種作爲；質言之，若非趙盾之議，則靈公不會繼位，若靈公不曾繼位，則後來之種種事端亦無由發生，故由此可知董狐之意，乃謂靈公之死，趙盾無所逃其責，而趙盾亦能坦然接受董狐之指責。蓋唯有如此解釋，方能了然何以趙盾既未弒君，而面對董狐之質問時有如此之回答；自趙盾而言，其未有弒君之心可由其以「不然」回答董狐得知，然當董狐以「亡不越竟，反不討賊」責之之時，趙盾之心情遂轉爲追悔莫及；因趙盾如欲撇清責任，則追究兇嫌付諸國法自爲順理成章之事；惟其自覺靈公之所以成爲「不君」之君，己實難辭其咎，如是則亦難有立場獨責趙穿，而縱放弒君者，亦非大臣所當爲者，如此進退兩難，故而有此表露追悔心情之語。若謂董狐何以不直截追問趙盾應否爲靈公之死負責，吾人於此亦有說焉，蓋「亡不越竟，反不討賊」二者乃趙盾最爲人所疑者，董狐之以「弒君」之名加之，亦是由此而來，在董狐而言，身爲史官，固不僅應忠於史實，秉筆直書，而尤應執著於不偏不隱，故於幽微嫌疑之際，更應著意釐清，故以此二者追問趙盾，期能由當事人之答案而明真相、昭是非。

二、「烏呼！『我之懷矣，自詒伊慼。』其我之謂矣。」之解釋

吾人再由趙盾之答語觀之，可知其中之關鍵，厥爲「我之懷矣」，究竟趙盾所「懷」者爲何，以致甘受弒君之惡名而不辭？亦應有所說明，以下先引述學者之翻譯，而後再討論之。

關於「烏呼！『我之懷矣，自詒伊慼。』其我之謂矣。」之翻譯，略舉數家如下，以見其異同：

1、「哎呀！『我因爲懷戀國家，沒有遠去，竟給自己留下了這些憂煩！』這兩句詩，說的就是我呢！」〔註17〕

2、「哎呀！《詩》說：『因爲我的懷戀，給自己帶來了憂傷。』恐怕就是說的我了。」〔註18〕

3、「哎呀！『由於我多所懷戀，反而給自己帶來了如此煩惱』，這說的就

〔註17〕程元敏注譯：〈晉趙盾弒其君夷臯〉，《國語日報》副刊（「古今文選」新第三二五期），1974年8月5日。

〔註18〕沈玉成：《左傳譯文》（臺北：木鐸出版社，1982年），頁171。

是我了。」〔註19〕

4、「唉！『我懷念祖國，反而自找憂患，』這兩句詩大概說的是我啊！」
〔註20〕

吾人由上述諸家之翻譯可知，「我之懷矣」之「懷」，或僅譯爲「懷戀」，而未
指明懷戀之對象；或指明其對象而譯爲「懷戀國家」、「懷念祖國」，吾人以爲
趙盾所謂之「懷」者，其所指或不僅國家而已，綜觀趙盾之對靈公，心中實
別有牽掛難捨之事，如《左傳》文公六年云：

> 八月乙亥，晉襄公卒。靈公少，晉人以難故，欲立長君。趙孟曰：「立
> 公子雍。好善而長，先君愛之，且近於秦。秦、晉舊好也。置善則
> 固，事長則順，立愛則孝，結舊則安。爲難故，故欲立長君。有此
> 四德者，難必抒矣。」〔註21〕

觀夫趙盾所言未立靈公之故，可謂情理兼顧，有極強之說服力，孰料不及半
年，原本已成定局之事，竟因穆嬴之哭鬧而生變，《左傳》文公七年記此事極
爲生動，《傳》文云：

> 穆嬴日抱大子以啼于朝，曰：「先君何罪？其嗣亦何罪？舍適嗣不
> 立，而外求君，將焉寘此？」出朝，則抱以適趙氏，頓首於宣子，
> 曰：「先君奉此子也而屬諸子，曰：『此子也才，吾受子之賜；不才，
> 吾唯子之怨。』今君雖終，言猶在耳，而棄之，若何？」宣子與諸
> 大夫皆患穆嬴，且畏偪，乃背先蔑而立靈公，以禦秦師。〔註22〕

吾人由穆嬴之語可知，其重點在襄公所言之「此子也才，吾受子之賜；不才，
吾唯子之怨。」蓋唯有此語方足以使趙盾幡然變計，推翻成議，改立靈公，
然則若非趙盾「懷」於襄公之託付，不願背之，又何必出爾反爾？

又如《左傳》宣公元年云：

> 於是晉侯侈，趙宣子爲政，驟諫而不入。〔註23〕

而《左傳》宣公二年云：

> 晉靈公不君。……。猶不改，宣子驟諫，公患之。〔註24〕

〔註19〕李夢生：《左傳譯注》（上海：古籍出版社，1998年），頁435。
〔註20〕王守謙、金秀珍、王鳳春：《左傳全譯》（貴州：人民出版社，1996年），頁
493。
〔註21〕同註10，頁133。
〔註22〕同註10，頁134。
〔註23〕同註10，頁150。

《左傳》兩用「驟諫」，刻畫趙盾殷殷期待靈公有所改正，且付諸行動之心情，頗為生動，惟其以為既受襄公之託，自應盡力而為，遂一再勸諫靈公，奈何靈公未能察納雅言，由「侈」而「不君」，可謂變本加厲。靈公何以如是，《左傳》並未解釋，然若據此即推論趙盾有廢立或弑君之心，似又太過。由此可知，「我之懷矣」之「懷」字，解釋為「留戀國家」固無不妥，然趙盾所懷戀者實不僅止於國家，亦及於襄公、靈公父子也

至於「自詒伊慼」之解釋，則各家較為一致，僅「慼」字或謂「憂煩」，或謂「憂傷」，或謂「煩惱」，或謂「憂患」，然而無論如何解釋，以「憂傷」一詞所形容之心情之輕重程度，似皆與「弑君」之惡名所造成之結果不相應，易言之，趙盾所謂之「慼」，實與是否「弑君」無涉，而著眼於自靈公被弑之後，回首往昔，事情之發展縱有難以逆料者，亦有不盡如人意之處，而趙盾本人受襄公之託，輔佐靈公即位，秉權治國，自有無可推卸之責，豈知十餘年後，竟演變為靈公被弑，己蒙惡名，而襄公之託付亦已成空，亦無立場獨責趙穿，如是種種之心情湊泊交纏，終而歸於抒發遺憾之一句「自詒伊慼」也。

三、孔子曰：「董狐，古之良史也，書法不隱。趙宣子，古之良大夫也，為法受惡；惜也，越竟乃免。」之解釋

孔子此語，歷來頗有疑之者，蓋以認定趙盾弑君者而言，則趙盾已非「良大夫」，而「為法受惡」一句亦不合事理，至「惜也，越竟乃免」更屬無稽，豈有聖人反為弑君賊開脫之理，故亦有疑此語非孔子之言者。然而，若如前文所論，動手弑君者並非趙盾，則孔子此語亦自有其用意，以下即析言之。

根據《左傳》所錄，孔子此語可分為二段，「董狐，古之良史也，書法不隱。」為專論董狐；「趙宣子，古之良大夫也，為法受惡；惜也，越竟乃免。」為專論趙盾。以前者而言，乃孔子稱許董狐為稱職之史官，其原因為「書法不隱」，意指董狐能釐清事件中各當事人之責任，故趙盾雖無弑君之實，但靈公之被弑，趙盾亦與有責焉，甚且可謂靈公乃因趙盾而死，故直書「趙盾弑其君」。至於趙盾，則依孔子之見，乃忠心為國之臣子，證以《左傳》成公八年所記可知：

> 六月，晉討趙同、趙括。武從姬氏畜于公宮。以其田與祁奚。韓厥言於晉侯曰：「成季之勳，宣孟之忠，而無後，為善者其懼矣。」

……。乃立武，而反其田焉。〔註25〕

是以趙盾之忠於晉國，乃後來晉國君臣之共識。惟其既爲「良大夫」，又無弒君之實，且因內愧於心而未誅趙穿以卸責，如此忠謹而有弒君之名，故孔子謂之「爲法受惡」。至於「惜也，越竟乃免」之意，乃孔子順上文而發爲惋惜趙盾之語；惟因趙盾乃「爲法受惡」，若謂如何能免除此惡名，則依董狐之意，當於「討賊」與夫「越竟」二者中擇一而行，而以趙盾之立場而言，既於靈公之亡有難卸之責，應得之咎，自難以專責趙穿，然則僅有越境不反方能去此惡名，是故孔子遂有「越竟乃免」之感嘆，斯亦理之必然也。

肆、結　論

吾人由前文之分析，可得以下四點結論，而不應遽然認定趙盾弒君也。

（一）趙盾之言既爲《左傳》記錄靈公被弒一事之部分段落，自亦有其用意，若吾人略而不論，則所得之結論或將流於偏頗。

（二）吾人詳審趙盾所言，則可知由「不然」而「烏呼！『我之懷矣，自詒伊慼。』其我之謂矣。」乃反映其心境由斷然否認轉而爲自傷自悔。

（三）趙盾回答董狐「亡不越竟，反不討賊」之語，所謂「烏呼！……。」云云，乃自剖心境之言，蓋溯自當初之改立靈公以迄驟諫於君，皆因懷於襄公之託付有以致之，豈料靈公竟爾被弒，撫今追昔，難以卸責，辜負所託，唯有付之一歎也。

（四）孔子許趙盾以良大夫，殆以其勇於任事而不避責難，然趙盾實未弒君而蒙此惡名，自董狐而言固爲有理，自趙盾而言則有難辭之咎，自孔子而言則不免爲其抱屈，故有「越竟乃免」之歎，而《左傳》全文畢錄以明其中之委曲也。

參考書目

一、專書

1. 方孝岳：《左傳通論》，臺北：商務印書館，1979 年 11 月臺三版。

2. 毛奇齡：《春秋毛氏傳》，收於《景印文淵閣四庫全書》，臺北：商務印書館，1986 年。

3. 王掞、張廷玉等奉敕撰：《欽定春秋傳說彙纂》，收於《景印文淵閣四庫

〔註25〕同註 10，頁 184。

全書》，臺北：商務印書館，1986年。

4. 王晳：《春秋皇綱論》，收於《通志堂經解》，臺北：大通書局，1972年。

5. 王守謙、金秀春、王鳳春：《左傳全譯》貴陽：貴州人民出版社，1996年3月第一版第五次印刷。

6. 王崑繩：《左傳評》，臺北：新文豐出版公司，1979年8月初版。

7. 朱鶴齡：《讀左日抄》，收於《景印文淵閣四庫全書》，臺北：商務印書館，1986年。

8. 竹添光鴻：《左傳會箋》，臺北：明達出版社，1982年9月。

9. 吳澄：《春秋纂言》，收於《景印文淵閣四庫全書》），臺北：商務印書館，1986年。

10. 吳闓生：《左傳微》，臺北：育民出版社。

11. 呂祖謙：《春秋左氏傳續說》，收於《景印文淵閣四庫全書》，臺北：商務印書館，1986年。

12. 李宗侗：《春秋左傳今至註今譯》，臺北：商務印書館，1982年10月六版。

13. 李夢生：《左傳譯注》，上海：古籍出版社，1998年第一版。

14. 杜預：《春秋經傳集解》，臺北：新興書局，1981年。

15. 沈玉成：《左傳譯文》，臺北：木鐸出版社，1982年初版。

16. 俞汝言：《春秋平義》，收於《景印文淵閣四庫全書》，臺北：商務印書館，1986年。

17. 洪順隆：《左傳論評選析新編》，臺北：中國文化大學出版部，1082年10月。

18. 孫覺：《孫氏春秋經解》，收於《景印文淵閣四庫全書》，臺北：商務印書館，1986年。

19. 家鉉翁：《春秋集傳詳說》，收於《通志堂經解》，臺北：大通書局，1972年。

20. 徐庭垣：《春秋管窺》，收於《景印文淵閣四庫全書》，臺北：商務印書館，1986年。

21. 馬驌：《左傳事緯》，收於《景印文淵閣四庫全書》，臺北：商務印書館，1986年。

22. 高攀龍：《春秋孔義》，收於《景印文淵閣四庫全書》，臺北：商務印書館，1986年。

23. 張自超：《春秋宗朱辨義》，收於《景印文淵閣四庫全書》，臺北：商務印書館，1986年。

24. 張尚瑗：《三傳折諸》，收於《景印文淵閣四庫全書》，臺北：商務印書館，1986年。

25. 陸淳:《春秋集傳辨疑》,收於《景印文淵閣四庫全書》,臺北:商務印書館,1986 年。

26. 傅隸樸:《春秋三傳比義》,臺北:商務印書館,1983 年 5 月初版。

27. 楊伯峻:《春秋左傳注》北京:中華書局,1981 年第一版

28. 葉夢得:《石林春秋傳》,收於《通志堂經解》,臺北:大通書局,1972 年。

29. 趙鵬飛:《春秋經筌》,收於《通志堂經解》,臺北:大通書局,1972 年。

30. 劉敞:《春秋權衡》,收於《通志堂經解》,臺北:大通書局,1972 年。

31. 劉文淇:《春秋左氏傳舊注疏證》,臺南:平平出版社,1974 年 1 月初版。

二、報紙

1. 程元敏注譯:〈晉趙盾弒其君夷皐〉,《國語日報》副刊(「古今文選」新第三二五期),1974 年 8 月 5 日。

附錄二：論《左傳》所見之叔孫豹

壹、前　言

　　叔孫豹，係春秋時期魯桓公之三世孫，其父為叔孫得臣（莊叔），有兄叔孫僑如（宣伯）。其見於《左傳》之名稱不一，除叔孫豹之外，或稱叔孫穆子，或稱叔孫、穆叔、穆子或豹。叔孫得臣死後，叔孫氏之繼承人本由叔孫僑如嗣之，唯據《左傳》成公十六年所記：「宣伯通於穆姜（成公之母），欲去季、孟而取其室。」〔註1〕後又欲藉晉國之力殺季文子，然事不成，反遭放逐。如《左傳》成公十六年云：

> 冬十月，出叔孫僑如而盟之。僑如奔齊。……。召叔孫豹于齊而立
> 之。〔註2〕

叔孫豹自此為叔孫氏之長，至襄公二年，開始參與魯國之政事；襄公九年，代替仲孫蔑執政〔註3〕；又屢次出使，故《左傳》有關之記載甚多。吾人披覽其行事，以為自其個人學行，以至立身行事，皆頗有可述者，是以搜羅《傳》文，排比歸納，先分析其人之學行，而得「通曉文學」、「明禮守禮」二端；再論其立身行事之特點，而得「以國家為重」、「明於知人」、「反應機敏」三者。又於論其人之前，先敘述當時之時代背景，以明其所處之客觀環境；復於論其人之後，敘述其晚年遭遇，以為結束。最後則為結語，敘述一己之所得所感。

貳、叔孫豹所處之客觀環境

一、魯國之處境

　　叔孫豹於襄公九年執政，此時為晉悼公十年，楚共王二十七年，齊靈公

〔註1〕　杜預：《春秋經傳集解》，頁 197。
〔註2〕　杜預：《春秋經傳集解》，頁 198。
〔註3〕　此據童書業之說，參見氏著：《春秋左傳研究》，頁 332。

十八年，約當春秋中期。以魯之處境而言，齊國向來皆爲魯國最大之威脅，誠如《魯國史》云：

> 自春秋中期以來，魯爲了依靠晉國的保護來對付齊國，事晉極其恭敬，不僅積極參與晉國發起的征伐會盟等軍事活動，公卿大夫也不斷前往晉國朝聘納貢，甚至不惜越禮以乞媚于晉。如《左傳》襄公三年載，魯襄公朝晉時，竟向晉侯行稽首之禮。……晉國也深知「魯不貳，小國必睦」的道理，所以爲了維護其霸主的地位，時在魯國受到齊國威脅的時候，出面保護。但是，魯在得到其國保護的同時，也受到晉國的剝削和壓迫，尤其至春秋末期最爲嚴重。〔註4〕

除齊、晉之外，楚國亦恃強凌弱，對魯國時有蠻橫無禮之舉措。唯其處於如是之處境，博學多聞且善於知人之叔孫豹，遂得以發揮長才，於各種場合中，以禮制與公理爲依據，輔以過人之機智反應，化爲進退合宜之言行，爲維護魯國之尊嚴與利益而盡其心力，實可謂難能可貴也。

二、位高言輕

如前所述，叔孫豹繼季文子而執政，又屢次代表魯國出使，參與會盟，通曉諸侯國情；加以其人通文學，明禮制，則其言論自應爲魯國君臣所重視，然考諸《傳》文，可知並非如是，雖不至事事皆聽而不納，然實難謂信任也。如襄公十一年《傳》云：

> 春，季武子將作三軍。告叔孫穆子曰：「請爲三軍，各征其軍。」穆子曰：「政將及子，子必不能。」武子固請之，穆子曰：「然則盟諸？」乃盟諸僖閎，詛諸五父之衢。正月，作三軍，三分公室而各有其一。三子各毀其乘。季氏使其乘之人，以其役邑入者無征，不入者倍征。孟氏使半爲臣，若子若弟。叔孫氏使盡爲臣，不然不舍。〔註5〕

其時叔孫豹已執魯政，且叔孫氏世爲司馬，故季武子欲有所更張，必以先告叔孫豹〔註6〕。唯觀夫叔孫豹之言，可知其雖爲執政，且不同意季武子之行動，然實無力與季氏抗衡。故當季武子「固請」之時，亦僅能藉要求季氏盟之詛之以爲保證，但此亦無法阻止季氏之企圖，迨叔孫豹卒後，季武子終能得遂其志。如《左傳》昭公五年所載：

〔註4〕 郭克煜等著：《魯國史》，頁 186-187。
〔註5〕 杜預：《春秋經傳集解》，頁 221。
〔註6〕 此據楊伯峻之說，見氏編著之《春秋左傳注》，頁 986。

> 春王正月，舍中軍，卑公室也。毀中軍于施氏，成諸臧氏。初，作
> 中軍，三分公室而各有其一，季氏盡征之，叔孫氏臣其子弟，孟氏
> 取其半焉。及其舍之也，四分公室，季氏擇二，二子各一，皆盡征
> 之，而貢于公。以書使杜洩告於殯，曰：「子固欲毀中軍，既毀之矣，
> 故告。」杜洩曰：「夫子唯不欲毀也，故盟諸僖閎，詛諸五父之衢。」
> 受其書而投之，帥士而哭之。〔註7〕

由此可知，叔孫豹雖不贊成季氏之所為，畢竟獨力難支，前所盟之詛之者，
終歸徒勞無功也。

又如《左傳》襄公三十一年云：

> 春王正月，穆叔至自會。見孟孝伯，語之曰：「趙孟將死矣，其語偷，
> 不似民主。且年未盈五十，而諄諄焉如八、九十者，弗能久矣。若
> 趙孟死，為政者其韓子乎？吾子盍與季孫言之，可以樹善，君子也。
> 晉君將失政矣，若不樹焉，使早備魯，既而政在大夫，韓子懦弱，
> 大夫多貪，求欲無厭，齊、楚未足與也，魯其懼哉？」孝伯曰：「人
> 生幾何？誰能無偷？朝不及夕，將安用樹？」穆叔出而告人曰：「孟
> 孫將死矣，吾語諸趙孟之偷也，而又甚焉？」又與季孫語晉故，季
> 孫不從。及趙文子卒，晉公室卑，政在侈家。韓宣子為政，不能圖
> 諸侯。魯不堪晉求，讒慝弘多，是以有平丘之會。〔註8〕

觀夫叔孫豹之言，其謀國之忠，論事之細，畫策之詳，預言之確，可謂至矣
盡矣。然叔孫豹先與孟孝伯言之，企盼其能轉告季武子而未果；後又直接與
季武子言之，孰料皆未見聽，則其失望之情，可以想見。再如同年《傳》文
載襄公死後立嗣君一事，叔孫豹亦一秉謀國之忠而進言，然季武子並未採納。
《傳》文云：

> 立敬歸之娣，齊歸之子公子裯，穆叔不欲，曰：「大子死，有母弟，
> 則立之；無，則立長。年鈞擇賢，義鈞則卜，古之道也。非適嗣，
> 何必娣之子？且是人也，居喪而不哀，在慼而有嘉容，是謂不度。
> 不度之人，鮮不為患。若果立之，必為季氏憂。」武子不聽，卒立
> 之。比及葬，三易衰，衰衽如故衰。於是昭公十九年矣，猶有童心，
> 君子是以知其不能終也。〔註9〕

〔註7〕 杜預：《春秋經傳集解》，頁 299-300。
〔註8〕 杜預：《春秋經傳集解》，頁 277～278。
〔註9〕 杜預：《春秋經傳集解》，頁 278

夫立嗣君乃一國之大事，而叔孫豹誼屬親貴，又爲元老重臣，且其言先引古制，以證並無必立公子裯之理；再引實例，以論必不可立公子裯之理；條分縷析，言之成理；且特謂「必爲季氏憂」，奈何「武子不聽，卒立之」。然則叔孫豹對此一結果反應若何，當亦不難想見也。

綜上所述，吾人可以了解，以叔孫豹之齒德俱尊，盡心爲國，而言不見聽，若謂其不無抑鬱難宣之情，亦似近理，斯則吾人論叔孫豹時所應留心者也。

參、叔孫豹之學行

吾人由《傳》文所載之叔孫豹之言行可知，其人之學行頗有可論述者，以下即分爲「通曉文學」、「明禮守禮」二者而述之。

一、通曉文學

依《傳》文所記，叔孫豹於各種場合中，常引用《詩》及古語以表達意見，茲將叔孫豹所引用之《詩》或古語表列如下，並簡述其事件大要、引用之內容與出處、爲誰引用及作用何在等，以見其梗概焉。

時　間	事　件	引　用	對　象	作　用
襄公七年冬十月	衛孫文子來聘而不後魯君。〔註10〕	引用「退食自公，委蛇委蛇。」（《詩經·召南·羔羊》）	孫文子	論其爲臣而無臣禮。
襄公十四年夏	諸侯大夫從晉伐秦而不濟涇水。〔註11〕	賦〈匏有苦葉〉。（《詩經·邶風》）	叔向	表示魯國欲濟之意。
襄公十六年冬	叔孫豹爲齊故而如晉求助。〔註12〕	賦〈圻父〉。（《詩經·小雅》）	中行獻子	促其克盡己責。
		賦「鴻鴈于飛，哀鳴嗸嗸。維此哲人，謂我劬勞。」（《詩經·小雅·鴻鴈》之卒章）	叔向	敘述魯國困苦之情，企盼能得叔向之同情。
襄公十九年冬十一月	齊及晉平後，叔孫豹會晉范宣子于柯。〔註13〕	賦「控于大邦，誰因誰極。」（《詩經·鄘風·載馳》之四章）	叔向	欲叔向繼續救助魯國。

〔註10〕 杜預：《春秋經傳集解》，頁 211～212。
〔註11〕 杜預：《春秋經傳集解》，頁 226。
〔註12〕 杜預：《春秋經傳集解》，頁 232～233。
〔註13〕 杜預：《春秋經傳集解》，頁 238。

時　　間	事　　件	引　　用	對　象	作　　用
襄公二十四年春	叔孫豹如晉，而與范宣子論「不朽」。〔註14〕	「豹聞之：『大上有立德，其次有立功，其次有立言。』」（引自所聞者）	范宣子	論「不朽」與「世祿」之異。
襄公二十七年春	齊慶封來聘而孟孫讚其車美。〔註15〕	「豹聞之：『服美不稱，必以惡終。』」（引自所聞者）	慶封	論其必不終；且譏其無禮、無止、無儀。
		賦〈相鼠〉。（《詩經‧鄘風》）		
襄公二十八年冬十一月	慶封自齊奔魯，叔孫豹食慶封而慶封氾祭，叔孫豹不說。〔註16〕	叔孫豹使工爲之誦〈茅鴟〉。（逸詩）	慶封	刺其不敬。
襄公二十八年冬十一月	慶封奔吳，聚其族而居于朱方，富於其舊。〔註17〕	叔孫豹謂「『善人富謂之賞，淫人富謂之殃。』」（引自所聞者）	慶封	謂天將殃之。
襄公二十八年冬十一月	齊人求崔杼之尸而不得。〔註18〕	叔孫豹謂「武王有亂十人。」（引自所聞者）	崔杼	論齊人必得崔杼之尸。
襄公二十八年冬十二月	襄公過鄭，鄭伯有代鄭伯迋勞而不敬。〔註19〕	叔孫豹謂「濟澤之阿，行潦之蘋、藻，寘諸宗室，季蘭尸之，敬也。」（取義於《詩經‧召南‧采蘋》）	伯有	因其不敬而預言其必獲罪於鄭，否則鄭國必有大咎。
襄公三十一年夏五月	魯襄公作楚宮而薨于楚宮。〔註20〕	叔孫豹謂「〈大誓〉云：『民之所欲，天必從之。』」（引自所聞者）	魯襄公	論其必亡于所欲。
襄公三十一年秋九月	魯人立敬歸之娣齊歸之子公子裯。〔註21〕	叔孫豹謂「大子死，有母弟，則立之；無，則立長。年鈞擇賢，義鈞則卜，古之道也。」（引自所聞者）	公子裯	論無必立公子裯之理。

〔註14〕　杜預：《春秋經傳集解》，頁 248。
〔註15〕　杜預：《春秋經傳集解》，頁 261。
〔註16〕　杜預：《春秋經傳集解》，頁 267。
〔註17〕　杜預：《春秋經傳集解》，頁 268。
〔註18〕　杜預：《春秋經傳集解》，頁 268。
〔註19〕　杜預：《春秋經傳集解》，頁 268。
〔註20〕　杜預：《春秋經傳集解》，頁 278。
〔註21〕　杜預：《春秋經傳集解》，頁 278。

時　間	事　件	引　用	對　象	作　用
昭公元年夏四月	鄭簡公享趙孟、叔孫豹及曹大夫。叔孫豹於宴中向趙孟賦詩。〔註22〕	賦〈鵲巢〉。(《詩經·召南·鵲巢》)	趙孟	杜注以爲乃「晉君有國，趙孟治之」之意。而竹添光鴻與楊伯峻則以爲乃「大國主盟，己得安居」之意。無論如何，叔孫豹恭維趙孟之意甚明。
		賦〈采蘩〉。(《詩經·召南·采蘩》)		表示小國之貢賦雖菲薄，大國仍愛惜使用，小國自應聽命而行。
昭公三年秋七月	小邾穆公來朝而季武子欲卑之。〔註23〕	叔孫豹謂「《志》曰：『能敬無災。』又曰：『敬逆來者，天所福也。』」(引自所聞者)	季武子	勸季武子應依禮而敬小邾穆公。

　　吾人由上表統計可知，叔孫豹共引《詩》十次，引自其所聞者七次，其博學多聞，於此可見。而觀其引用之時機與作用，或美或刺，或有求於人，無不相應於其人之身分，切合其人之行事，而能收畫龍點睛，一語中的之效，亦可知叔孫豹之通曉文學，實深有體會，非僅博聞強記而已。

二、明禮守禮

　　吾人由《左傳》之記載可知，叔孫豹行事每能循禮而動，又因深知禮之作用與影響，是以每能於關鍵之時採行應有之行動，如《左傳》襄公五年云：

　　　　夏，……。穆叔覿鄫大子于晉，以成屬鄫。書曰：「叔孫豹、鄫大子巫，如晉」，言比諸魯大夫也。〔註24〕

　　　　九月，丙午，盟于戚，會吳且命戍陳也。穆叔以屬鄫爲不利，使鄫大夫聽命于會。〔註25〕

按叔孫豹本意乃欲納鄫爲魯之屬國，其後了解鄫爲魯之屬國其實對魯不利〔註

〔註22〕　杜預：《春秋經傳集解》，頁284。
〔註23〕　杜預：《春秋經傳集解》，頁294。
〔註24〕　杜預：《春秋經傳集解》，頁209。
〔註25〕　杜預：《春秋經傳集解》，頁210。
〔註26〕　杜預注云：「鄫近魯竟，故欲以爲屬國。既而與莒有忿，魯不能救，恐致譴責，故復乞還之。」見杜預：《春秋經傳集解》，頁210。

26），故於盟于戚之時，「使鄫大夫聽命于會」，藉此一行動宣示鄫仍爲諸侯，並非魯之屬國。由此可知叔孫豹之用心之深與行事之敏。

此外，又如襄公二十四年冬，《傳》云：

> 齊人城郟，穆叔如周聘，且賀城。王嘉其有禮也，賜之大路。〔註27〕

叔孫豹見周天子時究竟如何有禮，《左傳》並未詳言，但由周靈王破格賜之大路以嘉之之舉動，則可推知靈王必然對叔孫豹之「有禮」深爲肯定。然而能行禮如儀未必即爲知禮，由叔孫豹論伯有不敬，可確知其爲眞能知禮之內在精神者，此事見於《左傳》襄公二十八年冬十二月云：

> 爲宋之盟故，公及宋公、陳侯、鄭伯、許男如楚。公過鄭，鄭伯不
> 在，伯有迋勞於黃崖，不敬。穆叔曰：「伯有無戾於鄭，鄭必有大咎。
> 敬，民之主也，而棄之，何以承守？鄭人不討，必受其辜。濟澤之
> 阿，行潦之蘋藻，寘諸宗室，季蘭尸之，敬也。敬可棄乎？」〔註28〕

叔孫豹見伯有行禮不敬，遂斷言伯有個人與鄭國，兩者必有其一將遭禍殃。其意蓋以爲鄭國若爲一明禮遵禮之國家，必不能容忍輕禮違禮者自以爲是，然則如伯有之不敬者，必將自作孽而獲罪受懲。唯若鄭國對輕禮違禮者視若無睹，則可知其亦無心於維持禮教，振興綱紀，國而如此，若有禍殃，亦無足怪。由此可知叔孫豹行事遵禮之由，與其論事之細密也。

肆、叔孫豹立身行事之特點

夫「通曉文學」與「明禮守禮」，乃叔孫豹內在之學行修養，唯其充實於內，故其外在之立身行事，亦能表現相應之言行舉止。吾人歸納其立身行事之特點，分爲「以國家爲重」、「明於知人」、「反應機敏」三項，以下即分述之。

一、以國家為重

叔孫豹行事皆必以國家之尊嚴與利益爲前提，此又可分對外與對內二者，茲先述對外之事例。

（一）對外

依《春秋》經文記載，自襄公二年叔孫豹如宋始，以迄昭公四年十二月乙卯叔孫豹卒，此三十四年間，叔孫豹隨國君會諸侯一次、如楚一次，如晉四次，如宋、如邾各一次，會諸侯兩次，會晉卿一次，參與軍事行動兩次，

〔註27〕杜預：《春秋經傳集解》，頁 249。
〔註28〕杜預：《春秋經傳集解》，頁 268。

不可謂不多。而其歷次出使之事，除前文已有所討論者外，茲再舉以下四例，
以見其以國家為重之情懷。

1、襄公十六年：

> 冬，穆叔如晉聘，且言齊故。晉人曰：「以寡君之未禘祀，與民之
> 未息，不然，不敢忘。」穆叔曰：「以齊人之朝夕釋憾於敝邑之地，
> 是以大請。敝邑之急，朝不及夕，引領西望曰：『庶幾乎！』比執
> 事之間，恐無及也。」見中行獻子，賦〈圻父〉，獻子曰：「偃知罪
> 矣！敢不從執事，以同恤社稷，而使魯及此。」見范宣子，賦〈鴻
> 鴈〉之卒章，宣子曰：「匄在此，敢使魯無鳩乎？」〔註29〕

2、襄公十九年冬十一月：

> 齊及晉平，盟于大隧。故穆叔會范宣子于柯，穆叔見叔向，賦〈載
> 馳〉之四章，叔向曰：「肸敢不承命！」穆叔歸，曰：「齊猶未也，
> 不可以不懼。」乃城武城。〔註30〕

3、襄公二十七年：

> 季武子使謂叔孫以公命曰：「視邾、滕。」既而齊人請邾，宋人請
> 滕，皆不與盟。叔孫曰：「邾、滕，人之私也；我，列國也，何故
> 視之？宋、衛，吾匹也。」乃盟。故不書其族，言違命也。〔註31〕

4、昭公元年：

> 季武子伐莒，取鄆。莒人告於會，楚告於晉曰：「尋盟未退，而魯伐
> 莒，瀆齊盟，請戮其使。」樂桓子相趙文子，欲求貨於叔孫，而為
> 之請。使請帶焉，弗與。梁其脛曰：「貨以藩身，子何愛焉？」叔孫
> 曰：「諸侯之會，衛社稷也。我以貨免，魯必受師，是禍之也，何衛
> 之為？人之有牆，以蔽惡也。牆之隙壞，誰之咎也？衛而惡之，吾
> 又甚焉！雖怨季孫，魯國何罪？叔出季處，有自來矣，吾又誰怨？
> 然鮒也賄，弗與，不已。」召使者，裂裳帛而與之，曰：「帶其褊矣。」
> 趙孟聞之曰：「臨患不忘國，忠也；思難不越官，信也；圖國忘死，
> 貞也；謀主三者，義也；有是四者，又可戮乎？」〔註32〕

〔註29〕 杜預：《春秋經傳集解》，頁 232-233。
〔註30〕 杜預：《春秋經傳集解》，頁 238。
〔註31〕 杜預：《春秋經傳集解》，頁 262。
〔註32〕 杜預：《春秋經傳集解》，頁 283-284。

由以上徵引諸事可知，當叔孫豹代表魯國出使時，心心念念皆以魯國之利益為重。即以齊國為例，兩國彼此向來恩怨糾葛，是非難明，然齊國強盛，非魯國所能力敵，唯有托庇於盟主，方能確保國家安定。故如《傳》文所載，叔孫豹於襄公十六年赴晉之時，即不厭其煩，先後對中行獻子與范宣子引詩達意，以催促彼等應盡盟主之職責，而在晉國伐齊之後，於襄公十九年會叔向于柯時，再次對叔向賦詩以表達其欲晉國救助魯國之意。至於昭公元年，楚人因莒人之訴而欲戮叔孫豹一事，則趙孟所謂「臨患不忘國，忠也」，實為叔孫豹最佳之寫照。而所謂「以國家為重」，又非僅維護國家利益而已，魯國之尊嚴亦為叔孫豹所盡心竭力維護者，故如襄公二十七年《傳》載，雖叔孫豹所受之命為「視邾、滕」，姑無論叔孫豹是否知其為季武子之矯命，以叔孫豹之遵禮守分，自應聽命而行。然當邾、滕已成齊、宋之私屬，若魯若再以邾、滕自比，則為自取其辱，故叔孫豹寧違君命亦不願自貶身分。然則叔孫豹忠誠謀國，不願稍作假借退讓之情，由此可覘之矣。〔註33〕

（二）對內

當叔孫豹代表魯國出使時，其維護國家尊嚴與利益之用心與言行已如上述，而其對於國內人事之心情與態度亦如出一轍，事事皆從國家之立場而考量。除前文已論及者如「季武子將作三軍」及「立公子裯」二事外，茲再舉二例以明之。

1、襄公二十二年：

春，臧武仲如晉。雨，過御叔。御叔在其邑，將飲酒，曰：「焉用聖人？我將飲酒，而己雨行，何以聖為？」穆叔聞之，曰：「不可使也，而傲使人，國之蠹也。」令倍其賦。〔註34〕

2、昭公元年：

叔孫歸，曾夭御季孫以勞之，旦及日中，不出，曾夭謂曾阜曰：「旦及日中，吾知罪矣，魯以相忍為國也，忍其外，不忍其內，焉用之？」阜曰：「數月於外，一旦於是，庸何傷？賈而欲贏，而惡囂乎？」阜謂叔孫曰：「可以出矣！」叔孫指楹曰：「雖惡是，其可去乎？」

〔註33〕《左傳》以為《春秋》去其族而書為「豹及諸大夫盟于宋」者，乃責其違命也。而杜預則另有看法，以為季氏專權自以為是，今叔孫豹難得奉君命而出，而竟不從，允宜貶之。然吾人詳覽《傳》文，可知叔孫豹不奉君命之理由亦甚正大，然則《左傳》與杜預之見似未可遽從也。

〔註34〕杜預：《春秋經傳集解》，頁242。

乃出見之。〔註35〕

夫叔孫豹嚴責御叔爲「國之蠹也」，又「令倍其賦」以懲之者，蓋以御叔之言，心懷怨妒，語涉譏諷，輕則將啓大臣之爭端，重則有傷使者之威信，於魯國內外皆有負面之影響，自不能等閒視之。再如昭公元年，叔孫豹自虢之會死裡逃生，歸國之後，面對幾乎陷己於死地，而又難以堅持與之計較對錯，且又未必誠心認錯之季孫，只能令其枯候半日，並以楹爲喻，謂「雖惡是，其可去乎？」聊爲宣洩。則叔孫豹寧置私怨而以國家爲重之處事原則，由此可知矣。

二、明於知人

吾人由《傳》文可知，叔孫豹頗有知人之明，所以然者，一則以其知禮，語云：「禮，身之幹。敬，身之基也。」〔註36〕故觀其人之言行是否合禮，即可判斷其人之賢愚成敗矣。次則以叔孫豹之思慮細密，觀人入微，是以可由「聽其言，觀其行」進而「知其心」也。除前已言之者，如由孫文子、慶封之無禮知其下場，據公子裯之行爲知其人「不度」，觀趙孟之神情而知其將死外。以下再舉數例以明之。

（一）襄公二十八年：

　　求崔杼之尸，將戮之，不得。叔孫穆子曰：「必得之！武王有亂十
　　人，崔杼其有乎？不十人，不足以葬。」既，崔氏之臣曰：「與我
　　其拱璧，吾獻其柩。」於是得之。〔註37〕

所謂「物以類聚」，有如武王之賢者，方有治世之臣隨之；而崔杼既爲弒君之賊，自爲君子義士所不齒，欲求其有能十人事主不貳，養生送死亦不可得，故叔孫豹斷言必能得其尸。

（二）襄公二十八年：

　　及漢，楚康王卒。公欲反，叔仲昭伯曰：「我楚國之爲，豈爲一人？
　　行也！」子服惠伯曰：「君子有遠慮，小人從邇。飢寒之不恤，誰
　　遑其後？不如姑歸也。」叔孫穆子曰：「叔仲子專之矣，子服子，
　　始學者也。」榮成伯曰：「遠圖者，忠也。」〔註38〕

〔註35〕杜預：《春秋經傳集解》，頁 285-286。
〔註36〕杜預：《春秋經傳集解》，頁 189。
〔註37〕杜預：《春秋經傳集解》，頁 268。
〔註38〕杜預：《春秋經傳集解》，頁 268。

（三）襄公三十年：

> 春王正月，楚子使薳罷來聘，通嗣君也。穆叔問王子圍之爲政何
> 如。對曰：「吾儕小人食而聽事，猶懼不給命，而不免於戾，焉與
> 知政？」固問焉，不告。穆叔告大夫曰：「楚令尹將有大事，子薳
> 將與焉助之，匿其情矣！」〔註39〕

（四）襄公三十一年：

> 公作楚宮，穆叔曰：「〈大誓〉云：『民之所欲，天必從之。』君欲
> 楚也夫，故作其宮。若不復適楚，必死是宮也。」六月辛巳，公薨
> 于楚宮。〔註40〕

夫言行爲心意之外顯，而善於觀人者，由其人之言語行爲，即可逆知其心思
念慮，是以叔孫豹能根據叔仲昭伯子服惠伯之言，而論其爲何如人也。又如
薳罷之言，初則保守而謹愼，再則「固問焉，不告。」顯然心中有所顧忌而
不願多言，故叔孫豹論其必定與公子圍之行動有關。而魯襄公作楚宮一事，
亦可作如是觀。凡此皆可見叔孫豹觀察入微之細密心思。

三、反應機敏

（一）襄公四年：

> 穆叔如晉，報知武子之聘也。晉侯享之，金奏〈肆夏〉之三，不拜。
> 工歌〈文王〉之三，又不拜。歌〈鹿鳴〉之三，三拜。韓獻子使行
> 人子員問之，曰：「子以君命辱於敝邑，先君之禮，藉之以樂，以辱
> 吾子。吾子舍其大，而重拜其細，敢問何禮也？」對曰：「〈三夏〉，
> 天子所以享元侯也，使臣弗敢與聞；〈文王〉，兩君相見之樂也，臣
> 不敢及；〈鹿鳴〉，君所以嘉寡君也：敢不拜嘉？〈四牡〉，君所以勞
> 使臣也，敢不重拜？〈皇皇者華〉，君教使臣曰：『必諮於周。』臣
> 聞之：『訪問於善爲咨，咨親爲詢，咨禮爲度，咨事爲諏，咨難爲謀。』
> 臣獲五善，敢不重拜？」〔註41〕

關於叔孫豹之言，清人王崑繩有如下之評論，其言曰：

> 晉既失禮，己則弗狗，是矣。然晉之失，難深責也。故不拜之故答

〔註39〕杜預：《春秋經傳集解》，頁 274。
〔註40〕杜預：《春秋經傳集解》，頁 278。
〔註41〕杜預：《春秋經傳集解》，頁 207。

之略，而三拜答之詳，所以掩其惡而揚其美也。其于五善，詳之又
詳，將失禮之愆，洗發淨盡，所以頌其德而釋其憝也。辭命之妙，
固宜如此。然非妙手，孰能傳之？〔註42〕

按王崑繩此語，先讚叔孫豹辭令之妙，再誇《左傳》文章之美，而叔孫豹之
善於措詞，亦由此可以見之。

（二）襄公二十九年：

春王正月，公在楚，釋不朝正于廟也。楚人使公親襚，公患之。穆
叔曰：「祓殯而襚，則布幣也。」乃使巫以桃、茢先祓殯，楚人弗禁，
既而悔之。〔註43〕

按魯襄公赴楚之故，已如前述，所謂「我楚國之為，豈為一人？」唯楚人竟
欲襄公以諸侯使臣弔鄰國之喪之禮行之，委實無禮已極，辱莫甚焉！然而襄
公身在楚國，人地生疏；且楚國富強，遠過於魯，若峻拒楚人之要求，後果
將難以逆料。故論襄公之心情，既不甘於聽從楚人之要求，亦無拒絕楚人之
條件，左右為難，實難堪之至，《傳》文所謂「公患之」，頗為傳神。由此亦
可見叔孫豹之機智，以其對禮制之嫻熟，而能另闢蹊徑，使本為以臣弔喪之
禮一變而為以君臨臣喪之禮。由《傳》文所謂「楚人弗禁，既而悔之。」可
知，楚人因禮制生疏，當下未能察覺，事後已無法補救矣。則叔孫豹之反應
敏捷思慮周詳由此可知矣。

（三）昭公元年：

三月，甲辰，盟。楚公子圍設服、離衛，叔孫穆子曰：「楚公子美矣，
君哉！」……。退會，子羽謂子皮曰：「叔孫絞而婉，……。皆保世
之主也。……。」〔註44〕

所謂「絞而婉」，杜預注謂「絞，切也。譏其似君，反謂之美，故曰『婉』。」
〔註45〕由此可知叔孫豹反應之快與設詞之巧。蓋公子圍有何企圖，由《傳》
文所載列國大夫之反應可知已非秘密，然以魯國之處境，亦不宜直揭其事而
犯人之忌，是以叔孫豹遂出之以近乎讚歎之語氣，謂其似君，而不及於其真
正之用意。叔孫豹處事穩重謹慎若此，自能長保安泰，故子羽稱其為「保世

〔註42〕王崑繩：《左傳評》卷六，頁2。
〔註43〕杜預：《春秋經傳集解》，頁270。
〔註44〕杜預：《春秋經傳集解》，頁283。
〔註45〕杜預：《春秋經傳集解》，頁283。

之主」也。

（四）昭公元年：

> 夏，四月，趙孟、叔孫豹、曹大夫入于鄭，鄭伯兼享之。子皮戒趙
> 孟，禮終，趙孟賦〈瓠葉〉，子皮遂戒穆叔，且告之，穆叔曰：「趙
> 孟欲一獻，子其從之。」子皮曰：「敢乎？」穆叔曰：「夫人之所欲
> 也，又何不敢？」及享，具五獻之籩豆於幕下，趙孟辭，私於子產
> 曰：「武請於冢宰矣。」乃用一獻，趙孟爲客，禮終乃宴。穆叔賦〈鵲
> 巢〉，趙孟曰：「武不堪也。」又賦〈采蘩〉，曰：「小國爲蘩，大國
> 省穡而用之，其何實非命？」子皮賦〈野有死麕〉之卒章，趙孟賦
> 〈常棣〉，且曰：「吾兄弟比以安，尨也可使無吠。」穆叔、子皮及
> 曹大夫興拜，舉兕爵曰：「小國賴子，知免於戾矣！」〔註46〕

文中叔孫豹「又賦〈采蘩〉，曰：『小國爲蘩，大國省穡而用之，其何實非
命？』」楊伯峻云：「自賦自解，僅見於此《傳》。」〔註47〕所以然者，或因趙
孟與叔孫豹二人，對〈鵲巢〉詩中「維鵲有巢，維鳩居之」應作何解，似有
不同，如杜預注云：

> 言鵲有巢而鳩居之，喻晉君有國，趙孟治之。〔註48〕

而竹添光鴻云：

> 〈鵲巢〉以喻趙孟任勞，而小國得安之，指免己于楚。〔註49〕

楊伯峻之意亦近之，其言云：

> 穆叔意或比趙孟爲鵲，以己爲鳩。大國主盟，己得安居，免于楚之
> 請殺之也。〔註50〕

而安井衡則有不同之意見，其言云：

> 以「維鳩居之」而言之，杜注爲切。然推穆叔賦〈鵲巢〉之意，不
> 應舍趙孟能安諸侯，而專美其治晉國。且喻治晉國，嫌於晉君爲庸
> 君，而趙孟專其權，言語之道，恐不當如此。蓋喻諸侯各有其國，
> 而趙孟能安之耳。〔註51〕

〔註46〕杜預：《春秋經傳集解》，頁285。
〔註47〕楊伯峻：《春秋左傳注》，頁1029。
〔註48〕杜預：《春秋經傳集解》，頁285。
〔註49〕竹添光鴻：《左傳會箋》第二十，頁16。
〔註50〕楊伯峻：《春秋左傳注》，頁1029。
〔註51〕安井衡：《左傳輯釋》卷十八，頁11。

叔孫豹賦〈鵲巢〉之意究竟何所指，由上引諸家之說，可知頗有歧異，而叔孫豹由趙孟回答之「武不堪也」，判斷趙孟似乎並不以己所賦〈鵲巢〉之旨爲然，故再賦〈采蘩〉，且自爲解釋，使趙孟得以清楚體會叔孫豹賦詩之意。然則叔孫豹處事之明快果決，反應之機敏，亦由此可見矣。

伍、叔孫豹之結局

關於叔孫豹之結局，季札曾有所預言，其言見於《左傳》襄公二十九年：

> 吳公子札來聘，見叔孫穆子，說之。謂穆子曰：「子其不得死乎！好善而不能擇人。吾聞君子務在擇人。吾子爲魯宗卿，而任其大政，不愼舉，何以堪之？禍必及子。」〔註52〕

竹添光鴻云：

> 此時豎牛方有寵，季子蓋知其必胎禍害，故以此語諷切之。〔註53〕

而關於豎牛之來歷，《左傳》昭公四年所記頗爲詳實而生動，《傳》文云：

> 初，穆子去叔孫氏。及庚宗，遇婦人，使私爲食而宿焉。問其行，告之故，哭而送之。適齊，娶於國氏，生孟丙、仲壬。夢天壓己，弗勝，顧而見人，黑而上僂，深目而豭喙，號之曰：「牛！助余。」乃勝之。旦而皆召其徒，無之，且曰：「志之。」及宣伯奔齊，饋之。宣伯曰：「魯以先子之故，將存吾宗，必召女，召女何如？」對曰：「願之久矣！」魯人召之，不告而歸。既立，所宿庚宗之婦人獻以雉。問其姓，對曰：「余子長矣，能奉雉而從我矣。」召而見之，則所夢也。未問其名，號之曰：「牛！」曰：「唯。」皆召其徒使視之，遂使爲豎。有寵，長使爲政。〔註54〕

是叔孫豹與豎牛之遇合頗爲離奇，然而叔孫豹何以一見庚宗婦人之子，不先問其名即號之曰：「牛」？又因何而「有寵，長使爲政」？若據《傳》文而推論，叔孫豹之夢，作於在齊國之時，其時是否能再重返祖國，猶未可知，然由叔孫豹回答宣伯之語，所謂「願之久矣」，可知其思鄉之情甚切。由是而言之，則其所以「夢天壓己」者，似可解釋爲憂心天不從人願之心理狀態之具體呈現，而後來得牛之相助遂能勝天之結果，則當可使叔孫豹能樂觀以對，

〔註52〕杜預：《春秋經傳集解》頁271-272。
〔註53〕竹添光鴻：《左傳會箋》第十九，頁10。
〔註54〕杜預：《春秋經傳集解》，頁298。

且認定夢中己號爲「牛」者必確有其人。迨叔孫豹果然返國之後，得與當初出奔時奉食侍寢、哭而送之之庚宗婦人再次相見，撫今追昔，自應別有感觸者在焉；繼而又知其有子，則又是一意料之外之喜事，觀夫《傳》文所謂「未問其名，號之曰：『牛！』」即可知無論豎牛應聲與否，自叔孫豹而言，皆已認定其爲夢中助己勝天之「牛」矣。故後來之「遂使爲豎。有寵，長使爲政」，雖看似難以理解，實乃合理而必然之發展也。

唯《左傳》在記叔孫豹不食三日而卒之後，又補敍其出生時之事，昭公五年《傳》文云：

> 初，穆子之生也，莊叔以周易筮之，遇明夷之謙，以示卜楚丘。曰：「是將行，而歸爲子祀。以讒人入，其名曰『牛』，卒以餒死。明夷，日也。日之數十，故有十時，亦當十位。自王已下，其二爲公，其三爲卿。日上其中，食日爲二，旦日爲三。明夷之謙，明而未融，其當旦乎，故曰『爲子祀』。日之謙，當鳥，故曰『明夷于飛』。明而未融，故曰『垂其翼』。象日之動，故曰『君子于行』。當三在旦，故曰『三日不食』。離，火也；艮，山也。離爲火，火焚山，山敗。於人爲言，敗言爲讒，故曰『有攸往，主人有言』，言必讒也。純離爲牛，世亂讒勝，勝將適離，故曰『其名曰牛』。謙不足，飛不翔，垂不竣，翼不廣，故曰『其爲子後乎』。吾子，亞卿也，抑少不終。〔註55〕

關於此段預言與叔孫豹夢牛助己之關係，熊道麟有如下之解釋：

> 楚丘的預言當然有可能是後人所編造的故事，但如果眞是叔孫豹初生之時的預言，那麼這個預言可以說是精準得令人訝異。更重要的是，這個與叔孫豹有關的預言，叔孫豹或許自幼即有所耳聞，「牛」這個名字，潛藏在久遠的童年時代記憶中，當午夜夢回時刻，又幽幽地配合著個人的願望，化爲夢象出現。〔註56〕

吾人則以爲，此一預言既已明白指出「以讒人入，其名曰牛，卒以餒死」，若叔孫豹早已知悉，自應謹記不忘，進而對以「牛」爲名者亦應遠避，以避免應驗預言，即便夢中不自覺而號「牛」，在清醒之後似不致由是即改變因預言所得之對「牛」之印象，而爲人命名爲「牛」。且據《左傳》昭公五年所載，

〔註55〕杜預：《春秋經傳集解》，頁 300-301。
〔註56〕熊道麟《先秦夢文化探微》頁 283。第五章「《左傳》與《國語》夢例析義」，第八節「夢與子嗣」之（三）「叔孫豹夢天壓己」。

叔孫豹死前亦已知豎牛之圖謀，然為時已晚，《傳》文云：

> （叔孫豹）疾急，命召仲，牛許而不召。杜洩見，告之飢渴，授之戈。對曰：「求之而至，又何去焉？」〔註57〕

關於杜洩之語，杜預注謂：

> 言求食可得，無為去豎牛。蓋杜洩力不能去，設辭以免。〔註58〕

是將「何」解為「何必」。而楊伯峻則云：

> 言叔孫嘗求牛其人，牛已至，又何故去之。蓋杜洩憤懑語。杜注謂「蓋杜洩力不能去，設辭以免」，或者如此。〔註59〕

乃將「何」解為「何故」。唯若叔孫豹早已知此預言，其左右近臣亦應耳聞，則杜洩當告以牛之出現，乃預言之驗，「如何」能夠違背預言而去之？由是而言之，叔孫豹當從未聽聞此一預言。而《左傳》如此記載，適足以為叔孫豹之一生增添幾許宿命色彩也。

陸、結　語

吾人綜觀叔孫豹之一生，可知其人明於禮制，通曉文學，處事亦能堅持原則而敏於權變，實難得之賢臣也。雖其寵信豎牛，或有出於情感之不得已者，然而畢竟貽禍叔孫氏，不得不謂白圭之玷。誠如宋人王當所云：

> 穆子質直而好義，博聞而強識，季文、孟獻所不逮也。然蔽於所習，卒以餓死。蓋明於見人，而暗於自見，哲人之患也。季札嘗戒其不擇人，卒以此取禍，哀哉！〔註60〕

然則吾人若能以叔孫豹為鏡，效其知書達禮，守經通權；並以其晚年之失自警，或者可以不惑不懼而無大過矣。

參考書目

一、專　書

1. 王當：《春秋臣傳》，收於清徐乾學等輯：《通志堂經解》，臺北：大通書局，1972年，第20冊。
2. 王崑繩：《左傳評》，臺北：新文豐出版股份有限公司，1979年8月初版。

〔註57〕杜預：《春秋經傳集解》，頁299。
〔註58〕杜預：《春秋經傳集解》，頁299。
〔註59〕楊伯峻：《春秋左傳注》，頁1258。
〔註60〕王當：《春秋臣傳》卷十六，頁13。

3. 朱守亮：《詩經評釋》，臺北：臺灣學生書局，1984 年 10 月初版。

4. 杜預：《春秋經傳集解》，臺北：新興書局，1981 年 6 月初版。

5. 沈玉成：《左傳譯文》，北京：中華書局，1981 年 2 月第一版，1997 年 11 月，北京第五次印刷。

6. 郭克煜，梁方健，陳東，楊朝明：《魯國史》，北京：人民出版社，1994 年 12 月，第一版，北京第一次印刷。

7. 童書業：《春秋左傳研究》，上海：人民出版社，1980 年 10 月第一版，1983 年 6 月第二次印刷。

8. 程發軔：《春秋人譜》，臺北：臺灣商務印書館股份有限公司，1990 年 12 月初版。

9. 楊伯峻：《春秋左傳注》，北京：中華書局，1990 年 5 月第二版，2000 年 7 月北京第 6 次印刷。

10. 安井衡：《左傳輯釋》，臺北：廣文書局有限公司，1979 年 10 月再版。

11. 竹添光鴻：《左傳會箋》，臺北：明達出版社，1982 年九月出版。

二、學位論文

1. 熊道麟：《先秦夢文化探微》，高雄：高雄師範大學國文研究所博士論文，2001 年。

附錄三：
從《左傳》看古文翻譯的一些問題
——以〈鄭伯克段于鄢〉爲例

壹、前 文

　　將古文翻譯爲語體文，是國文教學中不可或缺的一環，如何能夠藉著瞭解確切的字、辭、句意，進而貫串篇章，掌握全篇文章的內容，並在保留文章原有之精神與特色之前提下，將一篇古文翻譯爲流暢易懂之語體文，實在不是一件容易的事。因爲不僅在解釋字辭時，可能會發生不只一種解釋同時並存，且都能言之成理的情形，即便是字辭解釋雖然眾意僉同，但翻譯時文氣的緩急，詞意的輕重該如何表達，也是各有所見，各具風格。就古文而言，散文和韻文不同，抒情文、記敘文和論說文亦自不同，在翻譯時所遭遇之問題自然也不完全一致，如何把握每一種文體的特性，進行相應的語譯，是我們必須時時留心注意的。本文謹就《左傳》‧鄭伯克段于鄢》之譯文中，值得商榷之處，摘錄數例進行討論，藉以探究翻譯古文時所應注意之問題。

貳、本 文

　　〈鄭伯克段于鄢〉在《左傳》中，既是隱公元年內第一篇較爲完整之史事記載，亦是《左傳》引述君子評論之眾多事例中之第一篇，而在編成於清朝，風行於世的古文選本《古文觀止》中，本篇亦爲第一篇，加以其文章敘事生動，情節緊湊，高潮迭起，且鄭莊公之行事可資討論褒貶者頗多，是以無論治經研史，與夫學爲文者，咸矚目而留心焉。然討論探研者雖眾，而其

解釋與翻譯，仍不乏可再加商榷者，故於全文中選擇六例，先引錄原文，次列諸家之譯文以資參照，而後附以按語，說明個人之看法。

一、「況君之寵弟乎？」

（一）「何況君所寵愛的弟弟呢！」（《春秋左傳今註今譯》）〔註1〕

（二）「更何況您的受寵的弟弟呢？」（《左傳譯注》）〔註2〕

（三）「何況是您受寵的兄弟呢？」（《左傳譯文》）〔註3〕

（四）「何況是您寵愛的弟弟呢？」（《春秋左傳》）〔註4〕

（五）「何況是被你寵慣了的弟弟呢？」（《古今文選》）〔註5〕

（六）「何況是您寵愛的弟弟呢？」（《古文觀止》——闕勛吾等譯注）〔註6〕

（七）「何況是君主得寵的弟弟呢？」（《古文觀止》——周振甫等譯注）

〔註7〕

（八）「何況您那得寵的弟弟呢？」（《古文觀止新編》）〔註8〕

（九）「何況是君王所寵愛的弟弟呢？」（《新譯古文觀止革新版》）〔註9〕

（十）「何況您那受寵的弟弟呢？」（《古文觀止今譯》）〔註10〕

按：此句之譯文，除《古文觀止所編》譯為「得寵的弟弟」，以及《古文觀止今譯》譯為「受寵的弟弟」，未曾指明寵共叔段者為誰之外，其餘各家皆以為寵共叔段者乃鄭莊公，然而合上下文以觀之，則實為武姜，而非鄭莊公；箇中原因可由應答雙方分別論之，首先就前段鄭莊公回答祭仲之語，所謂「姜氏欲之，焉辟害」，即可見莊公對共叔段絲毫關愛之情也無，蓋莊公若仍愛護共叔段，則或將出以包容共叔段之態度回應祭仲，或將採納祭仲之建言而以認可之態度回應，無論如何必不會如此回答，將一切責任均推給姜氏；再就

〔註1〕 李宗侗：《春秋左傳今註今譯》（台北：商務印書館，1984年），頁6。

〔註2〕 李夢生：《左傳註注》（上海：上海古籍出版社，1998年），頁6。

〔註3〕 沈玉成：《左傳譯文》（台北：木鐸出版社，1982年），頁2。

〔註4〕 王守謙等：《春秋左傳》（台北：台灣古籍出版社，1996年），頁8。

〔註5〕 曾永義、黃啟方主編：《古今文選》精裝本第八冊（台北：國語日報社，1992年），頁（總）1697。

〔註6〕 闕勛吾、許凌雲、張孝美、曹日昇：《古今文選》（台北：建宏出版社，1995年），頁2。

〔註7〕 周振甫、傅璇琮、曹道衡、沈玉成等：《古文觀止》（台北：建宏出版社，1997年），頁3。

〔註8〕 趙聰：《古文觀止新編》（台北：啓業書局，1980年），頁4。

〔註9〕 謝冰瑩：《新譯古文觀止革新版》（台北：三民書局，1997年），頁7。

〔註10〕 徐北文：《古文觀止今譯》（台北：將門文物出版社，1995年），頁30。

祭仲而言，依清人金聖歎所評《天下才子必讀書》中之意，以祭仲與子封皆為「夢中人」，〔註11〕似對莊公之所圖謀者渾然不覺，然吾人以為子封或真為夢中人，唯以祭仲見於《左傳》之行事而言，其人絕非一懵懂無知者，如桓公五年莊公敗桓王于繻葛，且使王肩中箭，夫以臣抗君已於臣節有虧，又重創天子，實無禮之甚，莊公竟於事後遣使問候，無論其用心何在，此行之難以措詞達意可想而知，而代表莊公前往慰問者即為祭仲；又如莊公死後，昭公、厲公爭位，祭仲先佐昭公，後輔厲公，厲公惡其專權欲除之而不成，迨齊人殺子亹而轘高渠彌（因高渠彌弒昭公而立公子亹）之時，祭仲則能免難而迎立鄭子于陳，由此可見祭仲之善於揣摩人情事理，精於趨避算計。而觀其進諫言先引「先王之制」，以義正辭嚴之態度勸誡莊公，待莊公答以「姜氏欲之」，顯見封段於京非其本意，遂再以現實之利害得失——「姜氏何厭之有」以說之，由此可知其所謂「君之寵弟」實非「莊公寵愛之弟」，乃是「您那得母親寵愛的弟弟」，由此遂引出莊公「多行不義，必自斃，子姑待之」之答語，而鄭莊公處置共叔段之基本原則至此亦正式確立。此外，《左傳會箋》所謂「蔓草寵弟，相對成文」，〔註12〕亦可作為旁證，蓋祭仲若真認為莊公寵愛共叔段，必不會如此設詞，唯有將「寵弟」解釋為「被寵壞的弟弟」，才能與「叢雜蔓生的雜草」相應。

二、「無生民心」

（一）「不要使人民發生禍心」（《春秋左傳今註今譯》）〔註13〕

（二）「不要讓百姓們產生其他想法。」（《左傳譯注》）〔註14〕

（三）「不要讓老百姓產生其他想法。」（《左傳譯文》）〔註15〕

（四）「不要使鄭國人民生二心」（《春秋左傳》）〔註16〕

（五）「不要使百姓有離心。」（《古今文選》）〔註17〕

（六）「不要使百姓產生二心。」（《古文觀止》——闕勛吾等譯注）〔註18〕

〔註11〕金聖歎：《天下才子必讀書》（台北：書香出版社，1978年），卷一，〈鄭伯克段于鄢〉。

〔註12〕竹添光鴻：《左傳會箋》（台北：明達出版社，1982年），頁22。

〔註13〕同註1，頁7。

〔註14〕同註2，頁7。

〔註15〕同註3，頁2。

〔註16〕同註4，頁10。

〔註17〕同註5，頁（總）1697。

（七）「不要讓百姓的思想發生混亂。」（《古文觀止》——周振甫等譯注）
〔註 19〕

（八）「別叫人民離心。」（《古文觀止新編》）〔註 20〕

（九）「別使人民有二心。」（《新譯古文觀止革新版》）〔註 21〕

（十）「不要使黎民百姓產生二心」（《古文觀止今譯》）〔註 22〕

按：吾人由前引諸家之語譯可見，「無生民心」之「民」，多譯為「人民」或「百姓」者，彼此差異不大，亦能扣緊原文之意。然百姓所生之「心」為何所指，則由上文子封所謂「國不堪貳」可知，係指若放任共叔段逾越一己之權限，使其號令凌駕於國君之上，長此以往，則百姓必將無所適從，既困惑於分辨何者所言較具有權威，亦不知應聽命於誰，是以無論係就百姓此種懷疑之心理而言，或相對於原本只聽從鄭莊公之命無疑者，皆可以「二心」或「離心」釋之，故二者均無不妥，但若譯作「其他想法」，當作由杜預所謂「叔久不除，則舉國之民，當生他心」〔註 23〕而來，雖亦可通，然畢竟不如「二心」直捷，至若譯作「思想發生混亂」，則非吾人此時此地慣用之表達方式，至於以「禍心」譯之，則不免離原意太遠矣。

三、「不義不暱，厚將崩。」

（一）「他不義於國君，又不親愛兄長，土地廣大，正是自取毀滅。」（《春秋左傳今註今譯》）〔註 24〕

（二）「不接受君命，不友愛兄長，土地擴展得越大，瓦解倒台得越快。」（《左傳譯注》）〔註 25〕

（三）「沒有正義就不能團結人，勢力雄厚，反而會分崩離析。」（《左傳譯文》）〔註 26〕

（四）「他身為臣子對君不義，作為弟弟對兄長不親，即使地方佔的多也必

〔註 18〕同註 6，頁 2。
〔註 19〕同註 7，頁 4。
〔註 20〕同註 8，頁 4。
〔註 21〕同註 9，頁 7。
〔註 22〕同註 10，頁 30。
〔註 23〕杜預：《春秋經傳集解》（台北：新興書局，1981 年），頁 43。
〔註 24〕同註 1，頁 7。
〔註 25〕同註 2，頁 7。
〔註 26〕同註 3，頁 2。

然崩潰。」（《春秋左傳》）〔註27〕

（五）「多行不義之事，則百姓不會親近他，即使土地廣大了也將崩敗。」
（《古今文選》）〔註28〕

（六）「他既對國君不義，對兄長不親，地方多也會垮臺。」（《古文觀止》
——闕勛吾等注）〔註29〕

（七）「不接受君命，不親近兄長，雄厚反而會分崩離析。」（《古文觀止》
——周振甫等注）〔註30〕

（八）「像他這樣既不講君臣之義，也不顧手足之情，越佔的地方多，就越
崩潰得快。」（《古文觀止新編》）〔註31〕

（九）「他對君不義，對兄不親，愈是擴大，愈容易崩潰。」（《新譯古文觀
止革新版》）〔註32〕

（十）「他對國君不義，對兄長不親，縱然土地擴大了，也必將垮台。」（《古
文觀止今譯》）〔註33〕

　　按：此句之譯文或如杜預將「不義不暱」看作平行句，而譯作「不義於
君，不親於兄」；或如洪亮吉、沈欽韓將其視為因果關係，而譯作「多行不義
之事，則百姓不會親近他」；二者似均能言之成理，然細繹《傳》文，當以後
者較為符合文意。蓋依杜預之意，所謂「不義於君，不親於兄，非眾所附，
雖厚必崩。」〔註34〕雖亦可通，然就事論事，莊公自始即以共叔段之行事是
否合於義，作為是否處置共叔段之依據，是以先云「多行不義，必自斃」，再
言「無庸，將自及」，而於此處忽然提及「不親於兄」，實嫌突兀，且莊公與
共叔段之間幾無兄弟之情可言，以此為理由，亦難服人。若依洪亮吉之言，
所謂「《說文》：『䵑，黏也。』《春秋》傳曰『不義不䵑』。按今本作暱，暱與
䵑音同，又假借字，今考不䵑之義，正與『將崩』相屬，自當以䵑黏為長，
杜訓親暱失之。」〔註35〕與沈欽韓之言，所謂「此言不義，則人無肯親附，

〔註27〕同註4，頁10。
〔註28〕同註5，頁（總）1697。
〔註29〕同註6，頁2。
〔註30〕同註7，頁4。
〔註31〕同註8，頁5。
〔註32〕同註9，頁7。
〔註33〕同註10，頁30。
〔註34〕同註23，頁43。
〔註35〕洪亮吉：《春秋左傳詁》（收在《續解春秋類彙編》第二冊）（台北：藝文印書

與下『京叛叔段』相應，杜注非是。」〔註36〕是解爲「不義則不暱」，則「不義」與「不暱」形成一因果關係，而「京叛叔段」爲斯言之應驗，如此不僅使子封與莊公之對話有對比之效果，且能照應下文，使前後脈絡相貫，蓋子封以「厚將得眾」進言，莊公則以「不暱」指明共叔段之「厚」不足恃，而逆料其「將崩」，應答之間更見緊湊；然則「不暱」既是「不義」之結果，亦爲「厚將崩」之前提，則全句之意更爲完整。

四、「稱鄭伯，譏失教也，謂之鄭志。」

(一)「稱莊公爲『鄭伯』，是譏刺他失教誨之道，共叔段明明是出奔，但不書『出奔』而書『克』，是表明鄭伯的本志，所以很難直說。」(《春秋左傳今註今譯》)〔註37〕

(二)「稱呼『鄭伯』，是譏諷莊公沒教導好弟弟，是說這樣的結果正是莊公的意願。」(《左傳譯注》)〔註38〕

(三)「把莊公稱爲『鄭伯』是譏刺他有失教誨；(事情的發展是莊公蓄意安排的，) 春秋這樣記載就表達出了莊公的本心。」(《左傳譯文》)〔註39〕

(四)「把莊公稱爲鄭伯，是諷刺他對弟弟失去教誨，認爲是鄭莊公的本心。」(《春秋左傳》)〔註40〕

(五)「直稱莊公爲『鄭伯』，是諷刺他沒有盡到教育的責任；說這是他本來的意思。」(《古文觀止》──闕勛吾等譯注)〔註41〕

(六)「稱莊公爲『鄭伯』，是譏刺他失於教導，就是說莊公蓄意要弄垮太叔。」(《古文觀止》──周振甫等譯注)〔註42〕

(七)「稱鄭莊公爲『鄭伯』，是譏刺他故意縱容弟弟，而不教導他。這樣寫法，用意在彰明鄭莊公殺弟的動機。」(《古文觀止新編》)〔註43〕

館，1986 年)，頁 1469。
〔註36〕 沈欽韓：《春秋左氏傳補注》(收在《續解春秋類彙編》第二冊) (台北：藝文印書館，1986 年)，頁 2495。
〔註37〕 同註1，頁 7。
〔註38〕 同註2，頁 7。
〔註39〕 同註3，頁 3。
〔註40〕 同註4，頁 10。
〔註41〕 同註6，頁 3。
〔註42〕 同註7，頁 5。
〔註43〕 同註8，頁 5。

（八）「稱莊公爲鄭伯，是譏諷他有失教誨，這是符合鄭國人民的意思的。」
《新譯古文觀止革新版》〔註44〕

（九）「對莊公稱呼鄭伯，是譏諷他有失教弟之道；這就說明鄭伯之心是縱弟爲惡而故意殺他。」《古文觀止今譯》〔註45〕

（十）「傳言夫子作春秋，改舊史以明義，不早爲之所，而養成其惡，故曰失教，段實出奔，而以克爲文，明鄭伯志在於殺，難言其奔。」〔註46〕

按：吾人由引之各家譯文可知，究竟「失教」應如何解釋，各家看法不一，或譯爲「失教誨之道」、「有失教誨」、「沒有盡到教育的責任」，甚至譯爲「失去教導」，雖然籠統言之，皆是「失教」，但究竟「失教」係指「沒有教導弟弟」，抑是指「沒有把弟弟教好」，也就是說鄭莊公應負的責任，是在於他根本不願意教導弟弟；還是因爲雖然教導了但沒有教好，所以應受責備，此乃關乎鄭莊公之用心，亦應仔細辨明。吾人以爲若因莊公沒有把弟弟教好而予以譴責，未免強人所難；而莊公之最不見容於儒家者，實在於視手足如陌路，對母親亦乏孝愛之情，觀其伐段誓母，則其所懷妒怨之深，可想而知，雖造成此種情況之原因，有非莊公所能控制者，然平心而論，以莊公爲人子、爲人兄之身分而言，皆有難辭之咎，是以此處之「失教」，譯作「故意縱容弟弟，而不教導他」，或較爲符合原意。其次，所謂「鄭志」應如何解釋，亦有不同之說法，或譯作「莊公的意願」、「莊公的本心」、「他本來的意思」；然亦有將「鄭」解釋爲「鄭國人民」，而譯作「鄭國人民的意思的」；也有推論莊公是要殺共叔段而譯作「鄭莊公殺弟的動機」、「鄭伯之心是縱弟爲惡而故意殺他」；就上述三種說法而言，吾人以爲「鄭志」當指鄭莊公之心意，而非「鄭國人民的意思」，如楊伯峻先生所謂「探其本心而爲之」，〔註47〕至於莊公之本心是否有殺段之意，則漢之服虔、晉之杜預，皆以爲莊公乃「養成其惡」而後加誅；〔註48〕夫莊公之初衷究竟如何，後人誠難以測度，然依個人之見，若以其後共叔段出奔、莊公誓母、繼以「隧而相見」等發展，再綜合其他莊

〔註44〕 同註9，頁7。
〔註45〕 同註10，頁30。
〔註46〕 同註23，頁43。
〔註47〕 楊伯峻：《春秋左傳注》（台北：源流出版社，1982年），頁14。
〔註48〕 服虔所言，具見李貽德《春秋左傳賈服注輯述》（收在《續解春秋類彙編》第三冊）（台北：藝文印書館，1986年），頁2780。

公見於《左傳》之行事而言，吾人或可推論莊公雖有報復之心，但未必欲置共叔段於死地，此可分二點以論之，首先，觀夫《左傳》所載有關莊公之事跡，除隱公元年之克段于鄢之外，如隱公三年之周鄭交質、隱公十一年之入許而不有其地、桓公五年大敗周桓王於繻葛，凡此皆可見莊公之行事莫不成算在胸，謀定而後動，然則若莊公欲殺共叔段，以莊公之智略與處境，當不願親手為之，而貽人口實，以《傳》文所載，公聞其期之後，「命子封帥車二百乘以伐京，京叛大叔段，段入于鄢，公伐諸鄢，五月辛丑，大叔出奔共。」然則莊公果欲殺共叔段，實不必親自伐段于鄢，唯其不願負殺弟之名，則只有親臨指揮，方能隨機制宜，使事件之發展不至有失控之虞。其次，以姜公、莊公、共叔段三人彼此之關係而言，段為姜氏之最愛，莊公若殺共叔段，則姜氏對莊公之厭惡勢必倍增，甚至心懷怨怒終身不釋，莊公倘稍存一絲彌縫其與姜氏母子關係之心思，當不至有如此決絕而無可挽回之行動；再詳言之，吾人衡度莊公之用心，或唯有使姜氏與共叔段母子生離死別而不得重逢，姜氏方有轉而重新接納莊公亦為其子之可能，如此則後來之「隧而相見」，以至於融融、洩洩之樂，方不覺突兀。由是而言之，謂莊公縱容共叔段誠為實情，謂莊公懷殺弟之心，或未必盡然矣。

五、「小人有母，皆嘗小人之食矣。」

（一）「小人有母親，只曾嘗過小人奉養的食物。」（《春秋左傳今註今譯》）
〔註49〕

（二）「小人有個母親，小人所有的食物她都吃過了。」（《左傳譯注》）
〔註50〕

（三）「小人有母親，小人的食物都已嘗過。」（《左傳譯文》）〔註51〕

（四）「小人家中有老母，小人的食物她都嘗過。」（《春秋左傳》）〔註52〕

（五）「我的母親凡是我吃的食物他都嘗過。」（《古今文選》）〔註53〕

（六）「我有母親，我孝敬她的食物都吃過了。」（《古文觀止》——闕勛吾等譯注）〔註54〕

〔註49〕同註1，頁7。
〔註50〕同註2，頁7。
〔註51〕同註3，頁3。
〔註52〕同註4，頁12。
〔註53〕同註5，頁（總）1697。
〔註54〕同註6，頁4。

（七）「小人還有母親，她嘗遍了小人的食物。」（《古文觀止》——周振甫
　　等譯注）〔註55〕

（八）「小人家有老母，她都吃過小人的食品了。」（《古文觀止新編》）
　　〔註56〕

（九）「小人家有母親，嘗過小人所有的食物。」（《新譯古文觀止革新版》）
　　〔註57〕

（十）「小人上有老母，我所孝敬的飲食她都嚐過了。」（《古文觀止今譯》）
　　〔註58〕

　　按：此句之文意，並無費解之意，然而各家之譯文，亦頗有出入，其關鍵則在於「小人有母」與「小人之食」如何翻譯較爲流暢。以前者而言，如欲保留「有」字，則「家有老母（母親）」或「上有老母」似較「有個母親」或「還有母親」、「家有母親」爲自然，只是是否一定要用「老母」，或許見仁見智，各有所見，因爲就傳文而言，我們並不能確知穎考叔母親的年紀，因此譯爲「老母」不如直接譯爲「母親」，或更爲貼近原意，且母親在若干歲時始應或始能接受子女之奉養並無一定之規矩，故無須強調一定是上了年紀，才會或才能由穎考叔奉養；但若不強求一定要保留「有」字，則以穎考叔之身分而言，應答之間自應較爲恭謹，故譯爲「小人母親還健在」或「家母還健在」，似較爲合適。其次則是「小人之食」應如何翻譯？就前引之翻譯而言，多直譯爲「小人的食物」，亦有譯爲「我所孝敬的食物」或「我吃的食物」者，吾人以爲，或以譯爲「我所孝敬的食物」或「小人奉養的食物」較爲恰當，因爲「小人之食」中之「小人」既是指穎考叔，亦是相對於下文「君之羹」之「君」而言，且兩者間並無衝突，蓋相對於莊公之身分而言，穎考叔自是小人，則其孝敬（奉養）母親的食物當然就是「小人之食」，我們也不必再強調穎考叔母子兩人的食物是否一樣，而譯作「凡是我吃的食物他都嘗過」；綜上述而言之，此句若譯爲「小人的母親還健在，吃的都是我所準備（孝敬）的食物」，或者較符合原文之意，亦較符合穎考叔之身分和說話之語氣。

六、「遂為母子如初」

〔註55〕同註7，頁6。
〔註56〕同註8，頁5。
〔註57〕同註9，頁7。
〔註58〕同註10，頁31。

（一）「於是又恢復了從前母子的感情。」（《春秋左傳今註今譯》）〔註 59〕

（二）「於是恢復了以往的母子關係。」（《左傳譯注》）〔註 60〕

（三）「於是作爲母子像從前一樣。」（《左傳譯文》）〔註 61〕

（四）「從此母子的關係便和以前一樣了。」（《春秋左傳》）〔註 62〕

（五）「於是母子間恢復了自然的親情。」（《古今文選》）〔註 63〕

（六）「於是母子便像從前一樣。」（《古文觀止》——關勛吾等譯注）

　　　〔註 64〕

（七）「於是就母子和好像從前一樣。」（《古文觀止》——周振甫等譯注）

　　　〔註 65〕

（八）「於是便恢復了母子昔日的感情。」（《古文觀止新編》）〔註 66〕

（九）「於是恢復母子之情。」（《新譯古文觀止革新版》）〔註 67〕

（十）「於是從此恢復了母子關係，像從前那樣。」（《古文觀止今譯》）

　　　〔註 68〕

　　按：此句之譯文多用「恢復……從前」、「恢復……以往」、「恢復……昔日」等之形式，然仔細思考姜氏與鄭莊公之關係，誠如《傳》文所謂「莊公寤生，驚姜氏，故名曰寤生，遂惡之。」姜氏自莊公臨盆那一刻開始，驚恐之情即已取代了疼愛子女之情，再經由「寤生」這個記號不斷的提醒，對於莊公自是不可能有何關懷疼愛之情可言；至於莊公，我們雖然無法確知他從何時開始能夠面對、理解或者接受這樣的「母子關係」，但亦不難體會在這樣的情況下，再加上姜氏偏愛共叔段此種明顯的對比，若說莊公心中能毫無芥蒂，似乎也不合情理，在這樣母子之間幾乎沒有親情可言的狀況下，用「和好如初」來解釋「初」，而譯爲「恢復了以往的母子關係」，恐怕不僅不符合原文的意思，甚且適得其反。由是而言之，前引諸家之譯文中，《古今文選》

〔註 59〕 同註 1，頁 7。

〔註 60〕 同註 2，頁 7。

〔註 61〕 同註 3，頁 3。

〔註 62〕 同註 4，頁 12。

〔註 63〕 同註 5，頁（總）1697。

〔註 64〕 同註 6，頁 4。

〔註 65〕 同註 7，頁 7。

〔註 66〕 同註 8，頁 5。

〔註 67〕 同註 9，頁 7。

〔註 68〕 同註 10，頁 31。

所翻譯的「於是母子間恢復了自然的親情。」，以及《新譯古文觀止革新版》所翻譯的「於是恢復母子之情」，實較爲貼近原文。然而吾人以爲《左傳》此處所謂「遂爲母子如初」之「初」似是另有深意在焉，蓋如《傳》文所載，莊公逐段之後，「遂寘姜氏于城潁，而誓之曰：『不及黃泉，無相見也。』」就此一誓言而言，則姜氏與莊公在世一日，即無相見之可能，然經潁考叔爲之籌畫，「隧而相見」，就象徵之意義而言，原本不可能相見而竟然得以見面，似亦可謂二人皆已經過一段「死而重生」之歷程，在重生之後，昔日種種已一筆勾消，二人之間至此才得以「初次」建立母子關係，雖然此乃象徵性「死而重生」，但是對於從未將莊公視若骨肉的姜氏，以及從未享受過來自生身之母的疼愛的莊公來說，這樣的母子關係應該都是前所未有的嶄新體驗，由是而言之，如果譯作「於是像初爲人母，爲人子一樣」，或許更能傳達原文之意。

參、結　論

　　吾人由前述之討論可知，以《左傳》而言，將文言文譯爲語體文時，應注意下列數點：

　　一、《左傳》中所牽涉之人物，應儘量歸納《傳》文中相關的資料，作綜合研判，以期能較爲完整地把握其人之心性，如此，在翻譯時不僅較能忠實地表現其人之神態，亦較能判斷其人行事之動機與可能之手段，而不至於產生推論太過或斷章取義的情形。

　　二、文言文譯爲語體文時，相應之字辭何者應保留，何者可更換，並不能一概而論，應視該字辭在上下文中所代表之意義而定，若爲具有關鍵意義之字辭，則應儘量保留，反之，則在考量文句流暢的前提下，亦可斟酌選擇更爲順適的表達方式。

　　三、文言文譯爲語體文時，一般之文學作品，或能容許一種以上的解釋與翻譯，只要能言之成理即可，某些文學作品甚至因此而有更爲豐富的意涵，與更爲廣泛的觀照面；然而對於歷史或經學之著作如《左傳》者，其性質畢竟不同於文學，所欲表現者在於人事之眞僞善惡，至於文辭之美感則非刻意爲之，故其解釋便不能如此自由多元，而應先探究作者撰述之動機與關注之焦點，如此或者較能重現作者之原意。

附錄四：
《左傳》〈繻葛之戰〉「王亦能軍」句之商榷

一、前　言

　　夫《左傳》之爲書，得經義之善，存史事之眞，富文辭之美，故自傳世以來，凡治經研史，以至於學爲文者，咸有所取資焉。唯其文字雖美，畢竟不同於憑空臆想，而經義之闡發，亦必以史實爲依據，是此三者之間，實爲彼此烘托映襯而相輔相成，然則後人研究《左傳》，亦不宜有所偏廢也。

　　茲以《左傳》桓公五年所記之「繻葛之戰」爲例，其中「王亦能軍」一句，杜注以爲意指桓王雖身負箭傷，猶能親自殿後，故謂「能軍」。然清代學者王引之以爲桓王已中箭傷，如何能殿？且上文已言「王卒大敗」，此則言「王亦能軍」似乎前後矛盾，當改「亦」爲「不」，以爲如此方與上下文相合；又日人竹添光鴻以爲「亦」字當作「也」字看，係相對於鄭莊公而言，故無改易之必要；其言均見本文第二節。此三家之言雖彼此不同，然皆以此句爲實錄。至清末民初之吳闓生則評此句爲「詼詭之至」，所謂「詼詭」者，張高評先生以爲乃指「詼諧與詭辭」也，其言詳見本文第三節，然則吳氏之意並不以此句爲紀實者，而有作傳者之深意在焉。綜上所述，則「王亦能軍」究竟應如何解釋，猶有討論之餘地也。

　　吾人以爲，此句應如何解釋，實與「軍」字之意義有密切之關係，而《左傳》所見之「軍」字，若作動詞用，則概略言之，不出「屯駐」、「包圍」二義之外；若再以戰事經過類似之「城濮之戰」相較，當可明瞭「王亦能軍」之「亦」字並無改易之必要，而合上下文以言之，亦無扞格之處；若再就其

敘述之用心而言，則《左傳》如此記述，似有意藉周桓王於戰敗後之舉措，反襯鄭莊公行事之原則。易言之，本文所欲討論者有二，一為「王亦能軍」當如何解釋較為妥當，二為《左傳》如此行文之用意何在。以下即分述之。

二、「王亦能軍」之解釋

《左傳》有關繻葛之戰之記載，見於桓公五年，其言曰：

> 王奪鄭伯政，鄭伯不朝。秋，王以諸侯伐鄭，鄭伯禦之。王為中軍：虢公林父將右軍，蔡人、衛人屬焉；周公黑肩將左軍，陳人屬焉。鄭子元請為左拒，以當蔡人、衛人；為右拒，以當陳人，曰：「陳亂，民莫有鬥心。若先犯之，必奔。王卒顧之，必亂。蔡、衛不枝，固將先奔。既而萃於王卒，可以集事。」從之。曼伯為右拒，祭仲足為左拒，原繁、高渠彌以中軍奉公，為魚麗之陳，先偏後伍，伍承彌縫。戰于繻葛。命二拒曰：「旝動而鼓。」蔡、衛、陳皆奔，王卒亂，鄭師合以攻之，王卒大敗，祝聃射王中肩，王亦能軍，祝聃請從之，公曰：「君子不欲多上人，況敢陵天子乎？苟自救也，社稷無隕，多矣。」

就此段傳文而言，自桓王起兵之原因，〔註1〕以至於雙方兵力之配置，及鄭國在接戰前之戰術擬定，陣勢之布署，迄於交戰之過程，與勝負底定後之處理，可謂條理井然，要言不煩。然此役桓王師敗中箭，傳文卻謂「王亦能軍」，其言是否有所矛盾，令人不能無疑，如杜預注曰：

> 雖軍敗身傷，猶殿而不奔。故言能軍。

而清王引之則有不同之看法，其言曰：

> 五年傳：「王亦能軍。」杜注曰：「雖軍敗身傷，猶殿而不奔，故言能軍。」引之謹案：王已傷矣，尚安能殿？自古軍敗而殿，皆群臣為之，不聞王侯身自為殿也。亦當為不，字形相似而誤，此言王之餘師不復能成軍耳。宣十二年傳：「楚師軍於邲，晉之餘師不能軍」，正與同。試連上文讀曰：「蔡、衛、陳皆奔，王卒亂，鄭師合以攻之，王卒大，敗祝聃射王中肩，王不能軍。」皆甚言王師之敗也。若云：

〔註1〕 桓王起兵伐鄭之原因頗為複雜，所謂「王奪鄭伯政」乃為周鄭之間諸多事端之一，如此實難論斷孰是孰非，本文意在討論莊公之心態，故僅就「繻葛之戰」本身而言，其他有關者暫時從略。

「王亦能軍」，則與上文隔閡矣。試建下文讀曰：「王不能軍，祝聃請從之」，是聃以王不能軍，故欲乘其敝也。哀十一年傳：「齊人不能師，宵諜曰：『齊人遁。』冉有請從之，三。」正與此同。若云：「王亦能軍」，則又與下文隔閡矣。〔註2〕

王氏所言之重點有二，一則以桓王已受箭傷，自無負傷殿後之理；又以敗軍撤退，其殿後者應爲臣下而非王侯；由此反駁杜預「殿而不奔」之說。二則以「王亦能軍」與上下文皆有所扞格，若解爲「王不能軍」，則怡然理順，而「亦」與「不」之字形相類，亦不無因形近而誤之可能。惟其說持之有故，遂能言之成理，然而改易傳文以成己說，難免過於主觀，且左氏言「王亦能軍」，與上下文之間亦非迂曲難通，其關鍵在於「軍」字當如何解釋，以及「王卒大敗」與「王亦能軍」二句之間，是否有所矛盾。關於前者，日人竹添光鴻曰：

《說文》車部：「軍圜圍也，從車從包省。」是軍字本義。車在其中，而包裹其外，正爲營壘之象。引申其義，凡整兵不動曰軍。宣十二年：「楚師軍於邲，晉之餘師不能軍」，是其證矣。亦，亦鄭也。鄭伯既勝，按兵不動，乃所謂軍軍也。王雖傷敗，亦能整兵不奔，故曰：「亦能軍」。唯鄭伯按兵不動，故祝聃請從之。唯王整兵不動，故鄭伯得夜使祭足勞王。周、鄭戰後之狀，傳以一亦字見之。杜以能軍爲殿，謬矣。〔註3〕

按見於《左傳》之「軍」字，其詞性若屬動詞，則其解釋或爲「屯兵、駐紮」，或爲「包圍、進攻」。前者如隱公五年「鄭祭足、原繁、洩駕以三軍軍其前」，「使曼伯與子元潛軍軍其後」，桓公六年「軍於瑕以待之」，桓公八年「軍於漢、淮之間」，桓公十一年「鄖人軍蒲騷」，桓公十二年「軍其南門」，僖公二十四年「晉師軍于廬柳」，僖公二十四年「軍于郇」，僖公三十年「晉軍函陵、秦軍氾南」，僖公三十三年「與晉師夾泜而軍」，宣公十二年「楚師軍於邲」，「晉之餘師不能軍」，成公十六年「蠻軍而不陳」，「宋、齊、衛皆失軍」，襄公十年「與楚師夾潁而軍」，昭公二十二年「晉籍談、荀躒、賈辛、司馬督帥師軍于陰」，「王師軍于氾」，「軍其東南」，「王師軍于京楚」，昭公二十六年「遂軍圉澤」，哀公四年「左師軍于菟和」，「右師軍于倉野」；後者則如桓公十三

〔註2〕 見復興書局本皇清經解，頁 12879、12880。
〔註3〕 見《左傳會箋》，桓公五年「王亦能軍」句之箋註。

年「羅與盧戎兩軍之」，成公七年「鄭公仲侯羽軍楚師」、「鄭子罕宵擊之」，襄公六年「王湫帥師及正輿子、棠人軍齊師」，襄公二十六年「若多鼓鈞聲以夜軍之」，定公二年「吳軍楚師于豫章敗之」，定公七年「將宵軍齊師」。吾人再由成公十六年，晉楚對峙於鄢陵時，晉郤至所謂「鄭陳而不整，蠻軍而不陳」可知，軍隊屯駐於某處，即所謂「軍」於某處者，其軍容未必皆有整齊之陣勢，嚴明之紀律；而同年七月，傳記諸侯伐鄭，「戊午，鄭子罕宵軍之，宋、齊、衛皆失軍。」杜注云：「將主與軍相失」，蓋此為敵人夜襲，昏亂之中應變不及，上令無法下達，自不能迅速約束行伍，自保驅敵，故孔疏謂「夜裏迸散相失耳」，楊伯峻則謂「失軍意猶不復成軍」。由此可知，所需「軍」者，乃指軍隊集結聚攏於一處，至於當時之勝敗情勢，則夫內部之紀律士氣，並不能由此一「軍」字以見之。

此外，若對照《左傳》僖公二十八年有關城濮之戰之記載，則「王亦能軍」之意為何，或更易明瞭，其言曰：

> 己巳，晉師陳于莘北，胥臣以下軍之佐當陳、蔡。子玉以若敖之六卒將中軍。曰：「今日必無晉矣。」子西將左，子上將右。胥臣蒙馬以虎皮，先犯陳、蔡。陳、蔡奔，楚右師潰。狐毛設二旆而退之。欒枝使輿曳柴而偽遁，楚師馳之，原軫、郤溱以中軍公卒橫擊之。狐毛、狐偃以上軍夾攻子西，楚左師潰。楚師敗績。子玉收其卒而止，故不敗。

觀其文句，上文謂「楚師敗績」，下文卻是「故不敗」，前後相較，則其矛盾之處比諸「繻葛之戰」，尤為明顯，然其中穿插一句「子玉收其卒而止」，則可知所謂「楚師敗績」，係就整體戰事之勝負以言之，而「不敗」乃言其某一部分之實力並未折損，二句所指不同，顯然可見。至於繻葛之戰之經過，實與城濮之戰甚為類似，皆是左右兩側之軍隊先潰而奔，遂因此而牽動中軍，以致於敗績，然則所謂「王亦能軍」，亦猶「城濮之戰」所謂之「子玉收其卒而止」，意謂桓王雖已中箭負傷，但是仍然能夠集結王卒，聚於一處。

觀夫王引之所論者，亦頗精細，然為杜注之「猶殿而不奔」所誤，故其說先駁此句，然就傳文而言，奔者乃蔡、衛、陳三國之師，至於王卒，其始則言「亂」，繼則謂「大敗」。若參照《左傳》敘述戰事經過而言及「殿」者，可知多為師退或師奔之際，如宣公十二年晉楚邲之戰，當晉師退兵時，傳記士會「殿其卒而退，不敗。」襄公十四年傳載「子囊師于棠以伐吳，吳不出

而還，子囊殿。」襄公十八年齊晉之戰，齊師夜遁而晉師從後追擊之，傳載「（齊）夙沙衛連大車以塞隧而殿」。定公十二年傳載「衛公孟彄伐曹，克郊。還，滑羅殿。」哀公八年傳載「宋公伐曹，將還，楚師子肥殿。」哀公十一年齊與魯戰，傳載「右師奔，齊人從之，陳瓘、陳莊涉泗，孟之側後入，以為殿。」凡此皆是全軍退走或潰敗奔逃時，方有必要殿之於後以阻擋追兵。夫左氏敘事行文，下筆之輕重亦極有分寸，繻葛之戰中王卒雖由「亂」而「大敗」，然傳文並未言「奔」，則杜預所謂「殿而不奔」亦非確詁矣。

其次再就竹添光鴻之言而論，其說著眼在「亦」字，以為凡言「亦」者皆二者並存，故「王亦能軍」者，乃相對於鄭莊公而言，又根據下文之「祝聃請從之」以證鄭莊公亦按兵不動。此說雖亦能言之成理，然而王引之《經傳釋詞》云：

> 亦，承上之詞也，若書康誥曰：「怨不在大，亦不在小。」是也。昭十七年公羊傳注曰：「亦者，兩相須之意。」常語也。
> 有不承上文而但為語注者：若易井象辭曰：「亦未繘井。」〔註4〕

其言「亦」字之用法，乃就其是否承上文而分別之，若釋為「也」字，則應有上文為之呼應，而繻葛之戰中，僅「王亦能軍」一句，上文未見所承者，然則竹添光鴻之言，或為牽合下文以釋此句，惜乎就全文而言或亦合情理，然就此句而言則難以成立矣。至於近人楊伯峻之《春秋左傳注》則將此句翻譯為「王雖受肩傷，尚能指揮全軍」，意雖近之，然而對於《左傳》何以在「王卒大敗」之後添此一句，則未曾說明，是猶有疑問存焉。

三、《左傳》云「王亦能軍」之用意

吾人由上文可知，僅就「王亦能軍」此一句而言，固可解釋為桓王於中箭負傷之後，仍然能夠集結王卒，聚於一處。然而前引王氏之言，除駁杜注之失外，亦就全文而言，以為「王不能軍」既為上文之收束，且為下文祝聃請追之因，若為「王亦能軍」則不顧於理。至於清末民初之學者吳闓生亦以此句與上下文顯有不合，而評之曰「詼詭之至」，〔註5〕按所謂「詼詭」者，清人曾國藩已曾言及，其家訓嘗言：

> 凡詩文趣味，約有二種，一曰詼詭之趣，一曰閒適之趣。詼詭之趣

〔註4〕見《經傳釋詞》卷四之「亦」字。
〔註5〕見《左傳微》卷一，「周鄭繻葛之戰」之評註。

　　惟莊、柳之文，蘇、黃之詩，韓公詩文，皆極詼詭，此外實不多見。
〔註6〕

而關於詼詭之意，則張高評先生之說頗爲簡要，其言曰：

　　實則，詼詭之趣語含二義，詼諧與詭辭是也。試分別言之，請先述
　　詼諧。詼諧者，風趣之異名也，滑稽其一體耳。……。除曾氏所舉
　　（《左傳》）十一首外，亦尚有之如繻葛之戰，曰周鄭交質、周鄭交
　　惡、王亦能軍云云，最有詼詭微至之妙。……。次論詭辭，所謂詭
　　辭者，謂陽予陰奪，正言若反之詞也。〔註7〕

由此可知，吳氏之意乃以《左傳》如此敘述，實有其言外之意，而與事件本
身之經過則無何關聯。王、吳二家之言，雖有不同，然皆係觀照全文而有以
論之，亦頗能言之成理。吾人則以爲，《左傳》於「王卒大敗」之後，以「王
亦能軍」承之，於理可通，亦果有其深意，當時鄭國已然得勝，王師大敗之
後，不論天子是否受傷，是否尚能收整王卒，於大局已無影響，鄭莊公之不
追擊王師，其原因除《左傳》所記之語外，「王亦能軍」一句實爲關鍵，蓋《左
傳》所欲表現者，重點不在於桓王，而在鄭莊公，藉此一句刻畫鄭莊公凡事
謀定而動，順勢而爲，見機而作，絕不魯莽躁進，以致落人口實，自失立場
之行事風格。惟此乃就其人之性情、心理而言，有非章句訓詁所能盡之者，
故以下則排比傳文，尋其線索，分爲客觀情勢與主觀性情二者以論之焉。

　　就鄭莊公所處之客觀環境而言，可分爲天下之大勢，鄭國之環境，與莊
公之處境三者而言之。當時之天下大勢，誠如孔子所謂「天下無道，則禮樂
征伐自諸侯出」（《論語・季氏》）之時。禮樂則制度也，乃天子所以安邦定國，
化民成俗者也；征伐則用兵也，乃天子藉以聲討懲戒不服者；前者所重在德，
後者所重在力；然而周室東遷之後，以言其德，則不足以服眾，以言其力，
則僅能自保；天下諸侯遂相侵伐兼并，鮮有寧日矣。觀諸《左傳》隱公十一
年鄭莊公入許時所言之「王室而既卑矣，周之子孫日失其序。」即此意也。
再就鄭國之環境而言，春秋時代鄭國所在之位置，並非其始封之地，依《國
語・鄭語》及《史記・鄭世家》所載，乃是得自虢與鄶者；而其位置復位於
齊、秦、晉、楚之間，諸侯之間若有爭戰，鄭國多難以置身事外，故前引鄭
莊公入許時所言之下文「無滋他族，實偪處此，以與我鄭國爭此土也。……。

〔註6〕見《曾國藩全集》，〈家訓〉卷下，同治六年三月二十二日，頁845。
〔註7〕見氏著《左傳文章義法微》，第六章，第二節，甲之二，頁223、224。

寡人之使吾子處此，不唯許國之爲，亦聊以固吾圉也。」亦爲當時之實情也。
再次就鄭莊公己身之處境而言，其未即位之前，雖名爲世子，然不得武姜之
喜愛，觀夫左傳所記「愛共叔段，欲立之，亟請於武公，公弗許。」可知莊
公之能即位爲君，並非出於宗法制度之保障，實賴武公之不從武姜之請，設
若宗法仍爲人所遵行，則自莊公出世，名分已定，武姜雖有不滿，叔段或仍
覬覦，亦無可如何，由武姜之罔顧宗法，屢次請於武公，對照左傳所記因君
位繼承所衍生之變亂，幾乎無國無之，可知當時人心之弁髦禮法，肆無忌憚
也。莊公身處此種客觀環境之中，深體道德禮法雖有其必要，然而若本身一
無實力可資憑藉保障，則國家不能安定、個人無法生存，亦是其來有自也。

再就鄭莊公本身之個性而言，則或如《孟子・盡心篇》所謂之「獨孤臣
孽子，其操心也危，其慮患也深，故達。」蓋莊公名爲世子，然母不愛，弟
不敬，且合而謀奪其位，則未即位之前，其憂詭畏譏，操危慮患之心，實近
於孤臣孽子。洎乎即位之後，以國而言則爲君，以親而言則爲子、爲兄，應
對之間稍有不慎，即生嫌隙，而局外人又鮮能觀察入微以持平允之論，故莊
公初即封段於京，既則不問其自行擴大封地之罪，必待其犯上之行有明確之
證據之後，乃興兵伐之，如此則逐弟、誓母，固非善處人倫之間者所當爲，
然以國君而言，轉覺其情有可原矣。質言之，吾人由左傳鄭伯克段于鄢一事，
即可明白莊公行事，實乃步步爲營，惟其操心危，慮患深，是以處處小心謹
愼，必先佔穩立場，作萬全之準備。故其言「多行不義，必自斃。」以段爲
不義，則己之起兵伐段自爲義師。又言「不義」不暱，厚將崩。」則是能完
全掌握對方之狀況，如此謹守待時，一旦時機成熟，乘時而起，自然無往而
不利，又莊公行事頗有分寸，而能權衡於制度與現實之間，以求最大之利益。
如其與平王、桓王間之恩怨，實導源於莊公並非眞心翼戴天子，尊重王室，
蓋莊公所重者，僅在於卿士之名位，此因鄭國受封在宣王之際，時日甚淺、
國力亦非如何強大，然則假王室以自重，誠利多於弊。如《左傳》記鄭莊公
於隱公五年、九年伐宋，皆奉王命而興師，十年伐郕，亦以郕「違王命」；十
一年入許，爲許「不共」；可見莊公之能縱橫於諸侯之間，所賴於卿士之名位
者多矣。此外莊公處事，所重者利益，所輕者爲道義，故於誓母之後，雖有
悔意，猶不能即時補過，至潁考叔爲之設計，母子方才重聚，原夫莊公之心
態，則《史記・鄭世家》所記莊公之言，頗能道出其想法，其言曰：「我甚思
母，惡負盟，奈何？」此語雖不見於《左傳》，然而論其心境亦甚相近。再者，

由莊公不能明正典刑，誅子都以爲穎考叔報仇，而寧願行之乎詛咒，亦可見莊公行事自有其輕重先後之考慮，並非一以道義爲準則也。

綜上所述，吾人可知莊公在繻葛之戰中，所以不許祝聃追擊王師，其原因或不僅止於其自言之「苟自救也，社稷無隕多矣」而已，若原文中未有「王亦能軍」一句，則莊公此言乃發自肺腑，殆無可疑，惟其上文有此一句，則可見莊公之不追，實別有考慮。吾人由左傳所記繻戰前子元之謀畫，可知莊公並不以天子親征而憂懼惶恐，故開戰之後，「鄭師合以攻之，王卒大敗，祝聃射王中肩」，其時以車戰爲主，敵我之目標皆甚顯著，復受限於車輛之行動不能進退由心，其因閃躲不及以致中箭，或爲鄭人之有意挫折天子之聲威，然猶可以兩軍交鋒，此來彼往，刀砍箭射，難於細察，而自我開脫以臣抗君之罪過。待王重聚散卒之後，若再肆意追擊，則將難以解釋矣。是以吾人以爲，所謂「王亦能軍」者，意不在於寫桓王，而在於突顯鄭莊公行事之原則，易言之，莊公之所以不追，非不能也，實不爲也，而不爲之故，即在於不願落人口實。如此再對照莊公所言之「君子不欲多上人，況敢陵天子乎」之意，可知莊公並不以出兵抗王以至射王中肩爲不敬，蓋天子興師伐鄭，鄭國既不能俯首聽命，則惟有應戰以自保，雙方交戰必有勝負，若有傷亡亦爲意料中事，實難謂之以下陵上。然而在勝負已定，且王已受傷之時，再緊追不捨，則是以下犯上，其不臣之心便居然可見矣。則鄭莊公之不追，其眞意或在於是。

四、結　論

夫《左傳》記人述事，均極其生動傳神，然而人之音容神情、言談舉止、生死存亡；事之難易繁簡，大小輕重，皆文字所易於表達者。至於個人之性情思想、觀念原則；以及事之得失影響；則並非全然皆能藉文字而重現者，而後人欲有所評論分析，文字實爲最直接之媒介。然則如何掌握文字確切之意思，進而據以探究其言外之意，誠非易事。

「王亦能軍」爲《左傳》記周鄭繻葛之戰中之一句，前人對此句應如何解釋，有不同之看法。吾人則以爲當先確定「軍」字之意爲何，而後再解釋「王亦能軍」之意。故歸納《左傳》傳文有關「軍」字用法，而知「軍」字可解釋爲軍隊集結聚攏於一處，從而說明「王亦能軍」當解釋爲王雖已中箭負傷，但是仍然能夠集結王卒，聚於一處。此句之解釋確定之後，另有一問

題尚待討論，即《左傳》如此敘述之用意何在。吾人以爲作傳者有意藉此表現鄭莊公其進退行止，處處謹愼小心，不輕易予人譏責之藉口，亦善於利用機會，順勢而爲，以獲得最大之利益；此則與傳文其他篇章，如鄭伯克段于鄢、鄭莊公入許等，所描繪之鄭莊公形象，頗爲一致。故排比相關之傳文，尋其線索而歸納之，以分析莊公之性情，並配合其所處之環境而論之，以推測繻葛之戰中其不追之原因爲何，從而可知「王亦能軍」非特爲戰場之實錄，莊公之心態思慮，亦由是可見矣。

參考文獻

 1.《左傳》，杜預注，孔穎達正義，藝文印書館。
 2.《春秋左氏傳舊注疏證》，劉文淇撰，平平出版社。
 3.《左傳微》，吳闓生評注，育民出版社。
 4.《春秋左傳今註今譯》，李宗侗註譯，商務印書館。
 5.《春秋左傳注》，楊伯峻撰，源流出版社。
 6.《左傳文章義法微》，張高評著，文史哲出版社。
 7.《左傳之文學價值》，張高評著，文史哲出版社。
 8.《左傳會箋》，竹添光鴻會箋，明達出版社。
 9.《新譯四書讀本》，謝冰瑩等註譯，三民書局。
10.《國語》，里仁書局。
11.《史記會注考證》，瀧川龜太郎撰，洪氏出版社。
12.《經義述聞》（皇清經解本），王引之撰，復興書局。
13.《曾國藩全集》，漢苑出版社。
14.《經傳釋詞》，王引之撰，漢京文化事業有限公司。